普通高等学校本科
外国语言文学类专业教学指南

下

教育部高等学校外国语言文学类专业教学指导委员会
俄语专业教学指导分委员会
德语专业教学指导分委员会
法语专业教学指导分委员会
阿拉伯语专业教学指导分委员会
日语专业教学指导分委员会
非通用语种类专业教学指导分委员会
编著

外语教学与研究出版社
FOREIGN LANGUAGE TEACHING AND RESEARCH PRESS
北京 BEIJING

图书在版编目 (CIP) 数据

普通高等学校本科外国语言文学类专业教学指南. 下 ／ 教育部高等学校外国语言文学类专业教学指导委员会等编著. －－ 北京：外语教学与研究出版社，2020.4（2020.5 重印）

ISBN 978-7-5213-1644-5

Ⅰ．①普… Ⅱ．①教… Ⅲ．①外语教学－教学研究－高等学校 Ⅳ．①H09

中国版本图书馆 CIP 数据核字 (2020) 第 054359 号

出 版 人　徐建忠
责任编辑　董 婧
责任校对　倪 芳
封面设计　涂 俐 高 蕾
版式设计　付玉梅
出版发行　外语教学与研究出版社
社　　址　北京市西三环北路 19 号（100089）
网　　址　http://www.fltrp.com
印　　刷　三河市北燕印装有限公司
开　　本　730×980　1/16
印　　张　11.5
版　　次　2020 年 4 月第 1 版 2020 年 5 月第 2 次印刷
书　　号　ISBN 978-7-5213-1644-5
定　　价　60.00 元

购书咨询：(010) 88819926 电子邮箱：club@fltrp.com
外研书店：https://waiyants.tmall.com
凡印刷、装订质量问题，请联系我社印制部
联系电话：(010) 61207896 电子邮箱：zhijian@fltrp.com
凡侵权、盗版书籍线索，请联系我社法律事务部
举报电话：(010) 88817519 电子邮箱：banquan@fltrp.com
物料号：316440001

记载人类文明
沟通世界文化
外研社
www.fltrp.com

总　序

  历经改革开放40余年的蓬勃发展，我国高等教育开启了从教育大国迈向教育强国的新征程。进入新时代的中国高等教育凸显三大主题：其一，中国高等教育规模跃居全球领先地位，整体上达到世界中上水平，开始进入世界高等教育发展第一方阵，与世界高等教育的理念、标准等最新发展潮流同频共振，追赶与超越、借鉴与自主、跟跑与领跑交织交融。其二，党的十九大吹响了建设教育强国的号角，提出"建设教育强国是中华民族伟大复兴的基础工程"；习近平总书记在全国教育大会上强调"坚持把优先发展教育事业作为推动党和国家各项事业发展的重要先手棋"。其三，教育部明确提出把本科教育放在人才培养的核心地位、教育教学的基础地位、新时代教育发展的前沿地位，这标志着高等教育进入全面提高人才培养能力的新阶段。

  在此背景下，教育部于2018年1月发布了《普通高等学校本科专业类教学质量国家标准（外国语言文学类）》（以下简称"《国标》"），这是我国外语教育历史上由教育部颁布的第一个覆盖外语类各专业的高等教育教学质量国家标准。为了贯彻落实《国标》各项原则和规定，教育部高等学校外国语言文学类专业教学指导委员会（以下简称"外指委"）于2020年春出版《普通高等学校本科外国语言文学类专业教学指南》（试行）（以下简称"《指南》"）。

  《指南》分上、下两册。上册是英语类三个专业（英语、翻译、商务英语）的教学指南。下册包括俄语、德语、法语、阿拉伯语、日语、非通用语等六个专业的教学指南（西班牙语专业教学指南将在本书再版时增补）。各专业教学指南在结构上基本一致，均包含如下组成部分：概述，适用专业范围，培养目标，培养规格，学制、学分与学位，课程体系，教学计划，教学要求，教学评价，教师队伍，教学条件，质量管理，术语与释义，专业核心课程描述（附录）。

  如果说《国标》为外国语言文学类专业的准入、建设和评估提供了基本原则和总体要求，那么，《指南》是对《国标》的贯彻落实，将为各专业创新发展提供行动路线和解决方案。《国标》旨在实现"政府以标准来管理、高校以标准来办学、社会以标准来监督，用标准加强引导、加强建设、加强监管"的要求。外指委希望通过《指南》，引导全国高校外国语言文学类专业点以立德树人为根本使命，以提高人才培养能力为抓手，主动对接国家经济社会发展需求，准确定位人才培养目标，不断完善人才培养方案，优化课程设置，夯实专业课程，突出能力培养，推动课堂革命，探索智能教学，促进教师发展，健全质保体系，切实提高人才培养的目标达成度和社会满意度。

当前和今后一段时期，各高校外语类专业点应深入学习领会并贯彻落实《国标》和《指南》的原则与规定：

坚持内涵发展。聚精会神抓教师发展，聚精会神抓课堂革命，聚精会神抓专业升级，全心全意促进学生成长成才。

坚持多元发展。充分发掘本校教育教学优势资源，特色发展，错位竞争，服务国家外语人才多元需求，服务地方经济社会发展多元需求，服务学生个性化发展多元需求。

坚持创新发展。大胆探索外语教育教学新理论新方法，大胆探索人才培养新模式新机制，大胆探索智能技术与外语教育深度融合新平台新路径，全面整合校内外和国内外各类人才培养资源，充分激活全体教师的教学积极性与创造力和全体学生的学习动力与潜力，不断开拓进取，为建设中国特色世界一流的高等外语教育而不懈努力，为中华民族伟大复兴和人类命运共同体构建作出新贡献。

《指南》的编写历经七个春秋，凝聚了外语界无数专家学者的心血。2013年4月1日，2013—2017年教育部高等学校外国语言文学类专业教学指导委员会成立，由此启动了《国标》和《指南》的同步研制工作。在外指委秘书处的协调下，英语分指委率先，其他各语种分指委跟进，全体外指委委员积极参与，全国外语界资深专家出谋划策，举办了无数次咨询、调查、研讨，展开了无数次文本修改和打磨，最终形成《国标》定稿并提交教育部高教司审核。2018年1月30日，教育部正式发布《国标》。

2018年11月1日，2018—2022年教育部高等学校外国语言文学类专业教学指导委员会成立。新一届外指委再接再厉，及时启动了外语类各专业在《国标》框架下对《指南》的进一步完善和定稿工作。在新一届外指委秘书处的协调下，经过整整一年的辛勤努力，各分指委圆满完成了《指南》的定稿工作。

在《国标》和《指南》的研制过程中，连续两届外指委和分指委每一位委员以及外语界众多资深专家，都作出了独特贡献，在此附上全体委员名单，一并表示诚挚感谢！在此过程中，两届外指委和分指委主要领导均发挥了关键作用，体现了对我国高等外语教育的高度责任感和担当精神，在此特别致以崇高敬意和衷心感谢！他们是：2013—2017年教育部高等学校外国语言文学类专业教学指导委员会主任委员钟美荪，副主任委员刘曙雄、贾文键、周烈、修刚、孙玉华、陆经生、曹德明、仲伟合，秘书长孙有中；2018—2022年教育部高等学校外国语言文学类专业教学指导委员会主任委员孙有中，副主任委员姜景奎、贾文键、罗林、修刚、刘宏、曹德明、蒋洪新，秘书长李莉文，副秘书长张莲。

最后，要特别感谢外语教学与研究出版社、上海外语教育出版社、高等教育出版社对外指委和各分指委工作一如既往的宝贵支持！

教育部高等学校外国语言文学类专业教学指导委员会

2013—2017年教育部高等学校外国语言文学类专业教学指导委员会名单*

外国语言文学类专业教学指导委员会

主任委员

钟美荪　北京外国语大学

副主任委员

刘曙雄	北京大学	贾文键	北京外国语大学
周　烈	北京第二外国语学院	修　刚	天津外国语大学
孙玉华	大连外国语大学	陆经生	上海外国语大学
曹德明	上海外国语大学	仲伟合	广东外语外贸大学

秘书长

孙有中　北京外国语大学

委　员

王　军	北京大学	王　建	北京大学
秦海鹰	北京大学	丁　超	北京外国语大学
于日平	北京外国语大学	刘　建	北京外国语大学
邱　鸣	北京第二外国语学院	杨言洪	对外经济贸易大学
王铭玉	天津外国语大学	刘　宏	大连外国语大学
刘利国	大连外国语大学	张绍杰	东北师范大学
魏育青	复旦大学	卫茂平	上海外国语大学
邹　申	上海外国语大学	蔡伟良	上海外国语大学
王加兴	南京大学	许　钧	南京大学
蒋洪新	湖南师范大学	林明华	广东外语外贸大学
李克勇	四川外语学院	石　坚	四川大学
户思社	西安外国语大学	刘越莲	西安外国语大学

---

* 此名单以教育部关于成立2013—2017年教育部高等学校教学指导委员会的通知（教高函[2013]4号）为准。

王鲁男	四川外语学院	徐志英	云南大学
原一川	云南师范大学	崔雅萍	西北大学
李绍山	解放军外国语学院	李战子	解放军国际关系学院

日语专业教学指导分委员会

主任委员

修　刚　天津外国语大学

副主任委员

于日平	北京外国语大学	邱　鸣	北京第二外国语学院
刘利国	大连外国语大学	许宗华	解放军外国语学院

秘书长

赵冬茜　天津外国语大学

委　员

金　勋	北京大学	王婉莹	清华大学
宋协毅	大连大学	周异夫	吉林大学
徐　冰	东北师范大学	许慈惠	上海外国语大学
王宝平	浙江工商大学	李俄宪	华中师范大学
陈多友	广东外语外贸大学	姚继中	四川外语学院
毋育新	西安外国语大学		

俄语专业教学指导分委员会

主任委员

孙玉华　大连外国语大学

副主任委员

王铭玉	天津外国语大学	刘　宏	大连外国语大学
王加兴	南京大学	王松亭	解放军外国语学院

秘书长

刘宏(兼) 大连外国语大学

委　员

王辛夷	北京大学	刘　娟	北京师范大学
隋　然	首都师范大学	黄　玫	北京外国语大学
刘玉宝	东北师范大学	黄东晶	黑龙江大学
张　杰	南京师范大学	刘永红	华中师范大学
杨　可	广东外语外贸大学	李小桃	四川外语学院
赵　红	西安外国语大学	海力古丽·尼牙孜	新疆大学

德语专业教学指导分委员会

主任委员

贾文键 北京外国语大学

副主任委员

王　建	北京大学	魏育青	复旦大学
卫茂平	上海外国语大学	刘越莲	西安外国语大学

秘书长

缪雨露 北京外国语大学

委　员

任国强	中国人民大学	刘学慧	北京第二外国语学院
潘亚玲	对外经济贸易大学	赵薇薇	天津外国语大学
丛明才	大连外国语大学	黄克琴	同济大学
孔德明	南京大学	谢　芳	武汉大学
刘齐生	广东外语外贸大学	李大雪	四川外语学院
綦甲福	解放军外国语学院		

阿拉伯语专业教学指导分委员会

主任委员

周　烈　北京第二外国语学院

副主任委员

杨言洪　对外经济贸易大学　　　　蔡伟良　上海外国语大学

秘书长

肖　凌　北京第二外国语学院

委　员

付志明　北京大学　　　　　　张　宏　北京外国语大学

罗　林　北京语言大学　　　　马福德　西安外国语大学

王　昕　解放军外国语学院

非通用语种类专业教学指导分委员会

主任委员

刘曙雄　北京大学

副主任委员

丁　超　北京外国语大学　　　　林明华　广东外语外贸大学

钟智翔　解放军外国语学院

秘书长

姜景奎　北京大学

委　员

白　滧　北京外国语大学　　　　任晓丽　大连外国语大学

姜宝有　复旦大学　　　　　　　徐亦行　上海外国语大学

尹海燕　南京大学　　　　　　　梁　远　广西民族大学

罗文青　四川外语学院　　　　　陆　生　云南民族大学

2018—2022年教育部高等学校外国语言文学类专业教学指导委员会名单[*]

外国语言文学类专业教学指导委员会

主任委员

孙有中　北京外国语大学

副主任委员

姜景奎	北京大学	贾文键	北京外国语大学
罗　林	北京语言大学	修　刚	天津外国语大学
刘　宏	大连外国语大学	曹德明	上海外国语大学
蒋洪新	湖南师范大学		

秘书长

李莉文　北京外国语大学

副秘书长

张　莲　北京外国语大学

委　员

宁　琦	北京大学	王　建	北京大学
杨国政	北京大学	付志明	北京大学
王文斌	北京外国语大学	黄　玫	北京外国语大学
傅　荣	北京外国语大学	于日平	北京外国语大学
赵　刚	北京外国语大学	肖　凌	北京第二外国语学院
邱　鸣	北京第二外国语学院	丁　隆	对外经济贸易大学
程　虹	首都经济贸易大学	陈法春	天津外国语大学

---

[*] 此名单以教育部关于成立2018—2022年教育部高等学校教学指导委员会的通知（教高函[2018]11号）为准。

王铭玉	天津外国语大学	丛明才	大连外国语大学
刘利国	大连外国语大学	宋协毅	大连大学
严　明	黑龙江大学	姜宝有	复旦大学
冯庆华	上海外国语大学	许　宏	上海外国语大学
陈壮鹰	上海外国语大学	程　彤	上海外国语大学
王加兴	南京大学	孔德明	南京大学
刘云虹	南京大学	洪　岗	浙江外国语学院
刘齐生	广东外语外贸大学	梁　远	广西民族大学
陆　生	云南民族大学	姜亚军	西安外国语大学
户思社	西安外国语大学	王军哲	西安外国语大学
王松亭	战略支援部队信息工程大学	许宗华	战略支援部队信息工程大学
钟智翔	战略支援部队信息工程大学		

英语专业教学指导分委员会

主任委员

蒋洪新　湖南师范大学

副主任委员

王文斌	北京外国语大学	程　虹	首都经济贸易大学
陈法春	天津外国语大学	严　明	黑龙江大学
冯庆华	上海外国语大学	洪　岗	浙江外国语学院
姜亚军	西安外国语大学		

秘书长

曾艳钰　湖南师范大学

委　员

高峰枫	北京大学	郭英剑	中国人民大学

颜海平	清华大学	周红红	北京交通大学
程晓堂	北京师范大学	张宝钧	北京语言大学
李佐文	中国传媒大学	孙吉胜	外交学院
张文忠	南开大学	李正栓	河北师范大学
罗卫华	大连海事大学	常俊跃	大连外国语大学
高瑛	东北师范大学	刘克东	哈尔滨工业大学
曲卫国	复旦大学	彭青龙	上海交通大学
杨延宁	华东师范大学	何宁	南京大学
潘震	江苏师范大学	王金铨	扬州大学
程工	浙江大学	张龙海	厦门大学
蒋平	南昌大学	王俊菊	山东大学
李毅	山东财经大学	钱建成	郑州大学
许明武	华中科技大学	罗良功	华中师范大学
文卫平	湘潭大学	冯光武	广东外语外贸大学
谢世坚	广西师范大学	文旭	西南大学
董洪川	四川外国语大学	王欣	四川大学
刘瑾	贵州师范大学	徐志英	云南大学
崔雅萍	西北大学	周震	宁夏大学
单雪梅	新疆大学	李战子	国防科技大学
陈春华	战略支援部队信息工程大学		

俄语专业教学指导分委员会

主任委员

刘宏　大连外国语大学

副主任委员

宁琦	北京大学	黄玫	北京外国语大学

王铭玉	天津外国语大学	许 宏	上海外国语大学
王加兴	南京大学	王松亭	战略支援部队信息工程大学

秘书长

彭文钊	大连外国语大学

委 员

刘 娟	北京师范大学	王宗琥	首都师范大学
张 娜	中央民族大学	阎国栋	南开大学
刘佐艳	吉林大学	高国翠	东北师范大学
黄东晶	黑龙江大学	管海莹	南京师范大学
王 永	浙江大学	马卫红	浙江外国语学院
徐 琪	厦门大学	李建刚	山东大学
高荣国	湖南师范大学	杨 可	广东外语外贸大学
谢 周	西南大学	徐曼琳	四川外国语大学
赵 红	西安外国语大学	赵晓佳	宁夏大学

德语专业教学指导分委员会

主任委员

贾文键	北京外国语大学

副主任委员

王 建	北京大学	丛明才	大连外国语大学
陈壮鹰	上海外国语大学	孔德明	南京大学
刘齐生	广东外语外贸大学		

秘书长

吴 江	北京外国语大学

委　员

张　意	中国人民大学	吴晓樵	北京航空航天大学
刘文杰	北京理工大学	刘学慧	北京第二外国语学院
潘亚玲	对外经济贸易大学	李双志	复旦大学
王颖频	同济大学	李　媛	浙江大学
綦甲福	青岛大学	杨　劲	中山大学
李大雪	四川外国语大学	张世胜	西安外国语大学

法语专业教学指导分委员会

主任委员

曹德明　上海外国语大学

副主任委员

杨国政	北京大学	傅　荣	北京外国语大学
刘云虹	南京大学	户思社	西安外国语大学

秘书长

王海洲　上海外国语大学

委　员

车　琳	北京外国语大学	王秀丽	北京语言大学
李　旦	外交学院	孙圣英	国际关系学院
王大智	大连外国语大学	袁筱一	华东师范大学
宋学智	南京师范大学	曾晓阳	中山大学
黄晞耘	暨南大学	杨晓敏	广东外语外贸大学
金龙格	桂林旅游学院	杨少琳	四川外国语大学
沈光临	四川外国语大学成都学院		

阿拉伯语专业教学指导分委员会

主任委员

罗　林　北京语言大学

副主任委员

付志明　北京大学　　　　　　　　　肖　凌　北京第二外国语学院

丁　隆　对外经济贸易大学

秘书长

周　华　北京语言大学

委　员

刘欣路　北京外国语大学　　　　　　朵宸颉　天津外国语大学

段智婕　黑龙江大学　　　　　　　　陈　杰　上海外国语大学

周　玲　浙江工商大学　　　　　　　曹笑笑　浙江外国语学院

金忠杰　中山大学　　　　　　　　　吴　昊　四川外国语大学

马福德　西安外国语大学　　　　　　马和斌　西北民族大学

王　昕　战略支援部队信息工程大学

日语专业教学指导分委员会

主任委员

修　刚　天津外国语大学

副主任委员

于日平　北京外国语大学　　　　　　邱　鸣　北京第二外国语学院

刘利国　大连外国语大学　　　　　　宋协毅　大连大学

王军哲　西安外国语大学　　　　　　许宗华　战略支援部队信息工程大学

秘书长

赵冬茜　天津外国语大学

委　员

金　勋　北京大学	李铭敬　中国人民大学
王婉莹　清华大学	王志松　北京师范大学
孔繁志　首都师范大学	韩立红　南开大学
周异夫　吉林大学	刘晓芳　同济大学
高　洁　上海外国语大学	王奕红　南京大学
林敏洁　南京师范大学	吴　玲　浙江工商大学
吴光辉　厦门大学	邢永凤　山东大学
葛继勇　郑州大学	赵　霞　湖北大学
张佩霞　湖南大学	陈多友　广东外语外贸大学
金　山　海南大学	黄　芳　四川外国语大学
马永平　西南民族大学	

非通用语种类专业教学指导分委员会

主任委员

姜景奎　北京大学

副主任委员

赵　刚　北京外国语大学	姜宝有　复旦大学
程　彤　上海外国语大学	梁　远　广西民族大学
陆　生　云南民族大学	钟智翔　战略支援部队信息工程大学

秘书长

吴杰伟　北京大学

总 目 录

普通高等学校
本科俄语专业教学指南

教育部高等学校外国语言文学类专业教学指导委员会

俄语专业教学指导分委员会

编著

前　言

习近平总书记在全国教育大会上指出，要坚持中国特色社会主义教育发展道路，培养德智体美劳全面发展的社会主义建设者和接班人，为新时代高等教育提供了根本遵循。高等教育，本科为本。坚持以本为本，推进四个回归，建设一流本科教育成为全国高等学校本科专业建设的根本任务。

"质量为王，标准先行"。2018 年，教育部颁布《普通高等学校本科专业类教学质量国家标准（外国语言文学类）》（以下简称"《国标》"），为高校外国语言文学类本科专业设定了准入、建设、评价的标准与尺度。基于《国标》，研制《普通高等学校本科俄语专业教学指南》（以下简称"《指南》"），旨在引导和规范全国高校俄语专业点筑牢基础、发挥优势、突出特色，构建具有中国特色的、世界一流俄语本科专业人才培养体系，推动新时代条件下全国高校俄语专业教育教学高质量发展。

《指南》研制的基本理念：

一是突出"立德树人"根本任务。"立德树人"乃教育之本。高校俄语教育教学"必须牢牢抓住全面提高人才培养能力这个核心点"，坚持"四为服务"，把培养具有国际视野、中国情怀、创新精神的高素质、复合型俄语专业人才作为高校俄语专业建设的出发点和落脚点。

二是突出"以学生为中心"教育理念。《指南》研制要凸显学生学习主体性，注重激发学生学习积极性和主动性，变"要我学"为"我要学"，推动俄语专业教育教学从"教得好"向"学得好"转变，切实突出"以学生为中心"的自主学习、交互式学习和探究式学习教育理念。

三是突出"产出结果导向"评价标准。《指南》研制要对接经济社会发展需求，合理设定人才培养目标，完善人才培养方案，优化课程设置，更新教学内容，引导各高校以提高俄语专业人才培养质量为准绳，建立以产出结果为导向的专业教学评价标准。

《指南》研制的基本原则：

一是基于《国标》，突出特色。《指南》研制严格遵循《国标》，在基本体例、整体结构和主要内容方面与《国标》保持一致；同时根据俄语专业教育教学特点，有针对性地制订人才培养目标、课程体系、培养方向、毕业论文等个性化标准和指南。

二是夯实基础，示范引领。《指南》研制严格遵循专业建设底线标准，旨在夯实专业建设基础，"兜底线，保合格"，同时突出示范引领功能，提出前瞻性要求，引导各高校发挥各自优势，专业建设出特色、上水平、求卓越。

三是系统科学，重在操作。《指南》研制严格遵循科学性、系统性和可操作性原则。按照本科教学审核评估"五个度"的总要求，科学设定培养目标和培养规格，规范设置课程体系；确保教师队伍、教学条件和质量管理等指标具有可操作性。在具体条文的制订中既有定性要求，又有量化指标，做到可比较、可核查。

《指南》具有以下主要特点：

一是凸显人文社会科学学科属性。总体来看，《指南》强化了俄语专业的人文社会科学学科属性，既可避免外界对俄语专业工具性理解的错误认知，又可引导高校在新文科建设框架下，推出俄语复合型专业及复合型人才培养的创新性举措。

二是凸显标准的刚性与建设的灵活性。《指南》是"俄语专业本科准入、建设和评价的依据"，对全国俄语专业建设提出统一要求，体现标准刚性；同时，也为各高校俄语专业打造人才培养特色留有足够的拓展空间，体现建设过程的灵活性。"保底不封顶"，鼓励各高校分类卓越，特色发展，加快俄语专业与人工智能、大数据等现代信息技术相融合的教育教学改革步伐，推动复合型俄语专业与俄语专业复合型人才培养创新成果产出。

三是凸显《指南》的全面性、兼容性和指导性。《指南》是全国高校俄语专业建设的行动指南，内容丰富、指导性强。各高校俄语专业院系对照《指南》，即可获得包括目标、内容、路径、条件、评价等全方位的建设指导。《指南》的兼容性既表现在对复合型俄语专业、复合型俄语人才的强调，又体现为培养方向的跨学科交叉融合。各高校可根据学校类型、地域特色、专业优势自主设置培养方向及其配套的专业课程体系。特色培养方向符合教育部"新文科"建设的前瞻性设计，是《指南》跨学科、跨语言、跨文化知识建构和特色发展、分类卓越指导性原则的具体体现。

　　"标准为先，使用为要"。《指南》发布后，如何让《指南》发挥作用将成为教育部外指委俄语分委会及各高校俄语专业院系面临的共同课题。俄语分委会将履行教指委参谋部、咨询团、指导组、推动队的使命任务，要让《指南》在全国高校俄语专业院系落地生根，把《指南》实施与"一流专业"和"一流课程"建设结合起来，不断提高全国高校俄语专业人才培养能力，为实现中华民族伟大复兴的中国梦做出新的、更大贡献。

目　录

普通高等学校本科俄语专业教学指南

1. 概述

为了促进高等学校俄语专业教育教学改革，提高人才培养质量，根据《国标》，制订本《普通高等学校本科俄语专业教学指南》（以下简称"《指南》"）。

俄语专业是我国高等学校外国语言文学学科的组成部分，学科基础包括语言学、文学、翻译学、国别与区域研究、比较文学与跨文化研究，具有跨学科特点。俄语专业可与其他相关专业结合，形成复合型专业，以适应社会发展的需要。

俄语专业属于人文社会科学学科，人才培养应突出人文特色。本科教育包括通识教育和专业教育两个部分。通识教育和专业教育相辅相成，共同促进学生全面发展。

《指南》是全国高等学校俄语专业本科准入、建设和评价的依据。各高校俄语专业应根据《指南》制订适应社会发展需要、体现本校定位和办学特色的培养方案。

2. 适用专业范围

本《指南》适用于俄语专业。

专业代码为 050202。

3. 培养目标

俄语专业旨在培养具有良好的综合素质、扎实的俄语基本功和专业知识与能力，掌握相关专业知识，适应我国对外交流、国家与地方经济社会发展、涉外行业、俄语教育与学术研究需要的俄语专业人才和复合型俄语人才。

　　各高校应根据自身办学实际和人才培养定位，参照上述要求，制订合理的培养目标。培养目标应保持相对稳定，但同时应根据社会、经济和文化的发展需要，适时进行调整和完善。

4. 培养规格

4.1 素质要求

　　俄语专业学生应具有正确的世界观、人生观和价值观，良好的道德品质，中国情怀和国际视野，社会责任感，人文与科学素养，合作精神，创新精神以及学科基本素养。

4.2 知识要求

　　俄语专业学生应掌握俄语语言知识、俄罗斯文学知识、俄罗斯及使用俄语的其他国家社会与文化知识，熟悉中国语言文化知识，了解相关专业知识以及人文社会科学与自然科学基础知识，形成跨学科知识结构，体现本专业特色。

　　俄语语言知识：学生应熟练掌握俄语语音、词汇、语法、语篇、修辞等语言知识，熟知常见俄语习语和具有特殊文化含义的语言现象，并对语言研究的基础理论和基本方法有一定了解。

　　俄罗斯文学知识：学生应熟识俄罗斯经典作家及其作品，掌握俄罗斯文学史常识，并对文学批评的基础理论和基本方法有一定了解。

　　俄罗斯及使用俄语的其他国家社会与文化知识：学生应熟识俄罗斯及使用俄语的其他国家历史、地理、政治、经济、社会、文化等领域知识，并对国别与区域研究、跨文化研究基础理论和基本方法有一定了解。通过比较认识中、俄文化的基本特点。

4.3 能力要求

　　俄语专业学生应具备俄语运用能力、文学赏析能力、跨文化能力、思辨能力，以及一定的研究能力、创新能力、信息技术应用能力、自主学习能力和实践能力。

5. 学制、学分与学位

俄语专业本科学制一般为 4 年，各校可根据实际情况实行弹性学制，允许学生在 3～6 年内完成学业。俄语专业本科学位为文学学士学位，对按规定修满学分并符合培养方案要求的学生，准予毕业，授予文学学士学位。

6. 课程体系

6.1 总体框架

俄语专业根据培养目标和培养规格设计课程体系。俄语专业课程体系包括公共基础类课程、专业核心课程、专业方向课程、实践教学环节和毕业论文五个部分。

课程设置应处理好通识教育与专业教育、语言技能训练与专业知识教学、必修课程与选修课程、俄语专业课程与相关专业课程、课程教学与实践环节的关系，突出能力培养和专业知识构建，特别应突出跨文化交际能力、思辨能力和创新能力培养，并根据经济社会发展需要建立动态课程调整机制。

课程总学分一般为 150～180 学分，总学时为 2 400～2 900 学时。各高校俄语专业应根据本校的办学定位和培养目标，确定课程总学分和课程体系各部分之间的合理比例。

6.2 课程结构

6.2.1 公共基础类课程

公共基础类课程分为公共必修课程和通识选修课程两类。

公共必修课程一般包括思想政治理论、信息技术、体育与健康、军事理论与训练、创新创业教育、第二外语等课程。

通识选修课程一般包括提升学生知识素养、道德品质与身心素质的人文社会科学和自然科学课程。各高校俄语专业应根据培养规格，有计划地充分利用学校通识教育课程资源，帮助学生搭建合理的知识结构。

6.2.2 专业核心课程

专业核心课程分为语言技能课程和专业知识课程，一般为必修课。专业核心课程的课时原则上不低于专业总课时的 50%。语言技能课程包括基础俄语、高级俄语、俄语语法、俄语阅读、俄语视听说、俄语写作、翻译理论与实践；专业知识课程包括俄罗斯概况、俄罗斯文学史、学术写作与研究方法等。

6.2.3 专业方向课程

专业方向课程主要包括语言学、文学、翻译学、国别与区域研究、比较文学与跨文化研究方面的课程，可分为必修和选修课程。

语言学方向可开设俄语语言理论、俄语语言与文化、俄语词汇学、俄语实践修辞、俄汉语言对比等课程。

文学方向可开设俄罗斯文学作品选读、俄罗斯小说史、俄罗斯诗歌史、俄罗斯文学理论基础、中俄文学比较等课程。

翻译学方向可开设翻译简史、俄汉 / 汉俄经典译文赏析、俄汉 / 汉俄口译等课程。

国别与区域研究方向可开设俄罗斯文化史、中俄关系史、俄罗斯历史、当代俄罗斯社会、俄罗斯教育、俄罗斯艺术等课程。

比较文学与跨文化研究方向可开设比较文学导论、跨文化交际导论、俄罗斯文化名篇选读、中国文化概论等课程。

此外，各高等学校俄语专业可根据其办学特色、师资条件开设特色方向课程。

6.2.4 实践教学环节

实践教学环节旨在促进学生的全面发展，主要包括专业见习与实习、创新创业实践、课外实践教学、社会实践、国际交流等。各校应根据俄语专业培养方案：① 制订专业见习与实习计划，确保有明确的目标和要求、详细的内容和步骤、专业的指导和监督，培养学生运用专业知识和技能解决实际问题的能力；② 制订科学合理的创新创业实践计划，开展专业技能竞赛、学习兴趣小组、学术社团、创新创业项目等实践活动，培养学生解决问题的能力和创新创业能力；③ 制订社会实践计划，开展社会调查、志愿服务、公益活动、勤工助学、支教等社会实践活动，帮助学生了解民情和国情，增强社会责任感；④ 开展形式多样的国际交流活动，让学生切身感受俄罗斯及使用俄语的其他国家社会与文化，拓展国际视野，提高跨文化交际能力。

6.2.5 毕业论文

毕业论文旨在培养和检验学生综合运用所学理论知识研究并解决问题的能力和创新能力。毕业论文选题应符合俄语专业培养目标与培养规格，写作符合学术规范，可采用学术论文、翻译作品与翻译实践报告、调研报告等多种形式。学术论文、调研报告一般应使用俄语撰写，也可以使用汉语撰写。如使用俄语撰写，篇幅不少于 4 000 词，同时撰写不少于 1 000 字的汉语论文摘要。如使用汉语撰写，篇幅不少于 10 000 字，并提供不少于 500 词的俄语论文摘要。翻译作品与翻译实践报告一般为俄译汉，其中译文部分篇幅一般不少于 8 000 字，翻译实践报告部分用俄语撰写，篇幅不少于 2 000 词。

各高校俄语专业应根据各自的实际情况设定毕业论文撰写资格，并制订毕业论文选题、开题、写作、指导和答辩等相关规定，明确指导教师职责、毕业论文写作过程和质量规范，指导过程应以适当形式记录。

7. 教学计划（参考）

7.1 公共基础类课程

公共基础类课程开课计划表

课程类别		课程名称	总学时	学时分配		学分数	开课学期	周学时	备注
				讲授	实践（验）				
公共基础类课程	公共必修课程	按国家相关要求开设（含第二外语）							40 学分
	通识选修课程	学校可根据自身人才培养实际需要开设							10 学分

7.2 专业核心课程

专业核心课程开课计划表

课程类别		课程名称	总学时	课时分配		学分数	开课学期	周学时	备注
				讲授	实践（验）				
专业核心课程	必修课程	基础俄语（一）	108			5	1	12	课时分配栏中的讲授和实践（验）课时各校根据实际情况自行安排。
		基础俄语（二）	128			6	2	8	
		基础俄语（三）	128			6	3	8	
		基础俄语（四）	128			6	4	8	
		俄语语法（一）	32			1	2	2	
		俄语语法（二）	32			1	3	2	

（续表）

课程类别		课程名称	总学时	课时分配		学分数	开课学期	周学时	备注
				讲授	实践（验）				
专业核心课程	必修课程	俄语语法（三）	32			1	4	2	课时分配栏中的讲授和实践（验）课时各校根据实际情况自行安排。
		俄语阅读（一）	32			1	2	2	
		俄语阅读（二）	32			1	3	2	
		俄语阅读（三）	32			1	4	2	
		俄语视听说（一）	32			2	2	2	
		俄语视听说（二）	32			2	3	2	
		俄语视听说（三）	32			2	4	2	
		俄罗斯概况（一）	26			2	1	2	
		俄罗斯概况（二）	32			2	2	2	
		高级俄语（一）	96			5	5	6	
		高级俄语（二）	96			5	6	6	
		高级俄语（三）	64			3	7	4	
		高级俄语（四）	40			3	8	4	
		俄语阅读（四）	32			1	5	2	
		俄语视听说（四）	32			1	5	2	
		翻译理论与实践（一）	32			2	6	2	
		翻译理论与实践（二）	32			2	7	2	
		俄罗斯文学史（一）	32			1	6	2	
		俄罗斯文学史（二）	32			1	7	2	
		俄语写作（一）	32			2	6	2	
		俄语写作（二）	32			2	7	2	
		学术写作与研究方法	20			1	8	2	
		……							

（续表）

课程类别	课程名称	总学时	课时分配		学分数	开课学期	周学时	备注
			讲授	实践（验）				
	说明："俄语阅读（四）"可以替换为"俄语报刊选读"。"翻译理论与实践（一）"主要包括"俄汉笔译"，"翻译理论与实践（二）"则主要包括"汉俄笔译"。"俄罗斯文学史（一）"主要包括19世纪俄罗斯文学史，"俄罗斯文学史（二）"则主要包括20世纪俄罗斯文学史。							课时分配栏中的讲授和实践（验）课时各校根据实际情况自行安排。

7.3 专业方向课程

专业方向课程开课计划表

课程名称			总学时	学时分配		学分数	开课学期	周学时	备注
				讲授	实践（验）				
语言学方向课程	必修/选修	俄语语言理论	32			2	5	2	1. 完整修读1个方向。每个方向选修14学分。其中必修课程和选修课程由各高校自行设定。 2. 课时分配栏中的讲授和实践（验）课时各校根据实际情况自行安排。
		俄语语言与文化	32			2	6	2	
		俄语词汇学	32			2	6	2	
		俄语实践修辞	20			2	8	2	
		俄汉语言对比	32			2	7	2	
		俄语语法学	32			2	7	2	
		俄语语音学	32			2	5	2	
		……							
文学方向课程	必修/选修	俄罗斯文学作品选读（一）	32			2	5	2	
		俄罗斯文学作品选读（二）	32			2	6	2	
		俄罗斯小说史	32			2	5	2	
		俄罗斯诗歌史	32			2	6	2	

（续表）

课程名称		总学时	学时分配		学分数	开课学期	周学时	备注
			讲授	实践（验）				
文学方向课程	必修／选修	俄罗斯戏剧史	32			2	7	2	
		俄罗斯文学理论基础	32			2	7	2	
		俄罗斯文学专题	20			2	8	2	
		……							

说明："俄罗斯文学作品选读（一）"主要选读 19 世纪俄罗斯文学作品，"俄罗斯文学作品选读（二）"则主要选读 20 世纪及 21 世纪俄罗斯文学作品。

翻译学方向课程	必修／选修	翻译简史	32			2	5	2
		俄汉／汉俄经典译文赏析	32			2	6	2
		文学翻译	32			2	5	2
		科技翻译	32			2	6	2
		俄汉口译	32			2	7	2
		汉俄口译	32			2	7	2
		同声传译	20			2	8	2
		……						

备注：
1. 完整修读 1 个方向。每个方向选修 14 学分。其中必修课程和选修课程由各高校自行设定。
2. 课时分配栏中的讲授和实践（验）课时各校根据实际情况自行安排。

国别与区域研究方向课程	必修／选修	俄罗斯文化史	32			2	5	2
		中俄关系史	32			2	6	2
		俄罗斯历史	32			2	5	2
		当代俄罗斯社会	32			2	6	2
		俄罗斯教育	32			2	7	2
		俄罗斯艺术	32			2	7	2
		国别与区域研究专题	20			2	8	2
		……						

说明：国别与区域研究专题既可以包含俄罗斯之外相关国家的国别概况课程，也可以包括俄罗斯东正教文化、俄罗斯政治、俄罗斯经济等专题课程。

（续表）

课程名称		总学时	学时分配		学分数	开课学期	周学时	备注
			讲授	实践（验）				
比较文学与跨文化方向课程	必修/选修	比较文学导论	32			2	5	2	1. 完整修读1个方向。每个方向选修14学分。其中必修课程和选修课程由各高校自行设定。
		跨文化交际导论	32			2	6	2	
		俄罗斯文化名篇选读	32			2	5	2	
		中国思想经典导读	32			2	5	2	
		俄罗斯社会与文化	32			2	6	2	
		中国文化概论	32			2	6	2	
		中国文学经典选读	32			2	7	2	2. 课时分配栏中的讲授和实践（验）课时各校根据实际情况自行安排。
		中俄比较文学研究专题	20			2	8	2	
		跨文化研究专题	20			2	8	2	
		……							
		说明："中国文化概论"建议用俄语开设。							

除以上专业方向课程以外，各高等学校可根据实际情况开设特色方向课程。以下以经贸俄语特色课程为例。

经贸俄语特色课程（参考）开课计划表

课程类别		课程名称	总学时	学时分配		学分数	开课学期	周学时	备注
				讲授	实践（验）				
特色方向课程	必修/选修课程	俄罗斯经济	32			2	5	2	课时分配栏中的讲授和实践（验）课时各校根据实际情况自行安排。
		经贸俄语	32			2	6	2	
		中俄经贸关系	32			2	5	2	
		经贸俄语翻译	32			2	6	2	
		俄语经贸谈判与口译	32			2	7	2	
		俄语经贸文章选读	32			2	7	2	
		……							

7.4 实践教学环节

实践教学环节开课计划表

课程类别		课程名称	总学时	学时分配		学分数	开课学期	周学时	备注
				讲授	实践（验）				
实践教学环节	专业实习	语音训练	48			3	1	12	课时分配栏中的讲授和实践（验）课时各校根据实际情况自行安排。
		俄语口语实训（一）	32			2	2	2	
		俄语口语实训（二）	32			2	3	2	
		俄语口语实训（三）	32			2	4	2	
		课外阅读（1-6）				6	1-6	2	
		专业见习				2	2-6		
		专业实习				8	7		
		科学实践	4周			4	2-7		
		社会实践				暑假	6-7		
		……							
	创新创业实践	学科竞赛				1	3-8		至少修2个学分。
		俄语学习兴趣小组				1	3-8		
		创新项目				1	3-8		
		学术社团				1	3-8		
		……							
	社会实践	社会调查				1	3-8		至少修2个学分。
		志愿服务				1	3-8		
		勤工助学				1	3-8		
		支教活动				1	3-8		
		……							

（续表）

课程类别		课程名称	总学时	学时分配		学分数	开课学期	周学时	备注
				讲授	实践（验）				
实践教学环节	国际交流	出国（境）学习				1	3-8		至少修1个学分。
		参加涉外活动				1	3-8		
		……							
	毕业论文（设计）	学术论文	10周			5	7-8		
		翻译作品							
		实践报告							
		调研报告							
		案例分析							
		……							

8. 教师队伍

8.1 师资结构

俄语专业应有一支合格的专任教师队伍，形成教研团队。教师的年龄结构、学缘结构、职称结构应合理。有条件的学校应聘请外籍教师。应用型专业应聘请行业指导教师。专任教师应不少于 6 人，一般应具有博士学位。生师比应不高于 18:1。

8.2 教师素质

专任教师应：（1）符合《中华人民共和国教师法》《中华人民共和国高等教育法》规定的资格和条件，履行相关义务；（2）具有俄语语言文学学科或相关学科研究生学历；（3）具有厚实的俄语专业知识，熟悉外语教学与学习的理论和方法，对教育学、心理学等相关学科知识有一定了解；（4）具有扎实的俄语基本功、教学设计与实施能力、课堂组织与管理能力、现代教育技术和教学手段的运用能力，以及教学反思和改革能力；（5）具有明确的学术研究方向和研究能力。

外籍教师的聘任应根据岗位需要，达到上述条款中所有适用标准。

8.3 教师发展

各高校应制订科学的俄语专业教师发展规划与制度，通过学历教育、在岗培训、国内外进修与学术交流、行业实践等方式，使教师不断更新教育理念，优化知识结构，提高俄语专业理论水平与教学和研究能力。

教师应树立终身发展的观念，制订切实可行的发展计划，不断提高教学水平和研究能力。

9. 教学条件

9.1 教学设施

教学场地和实践场所在数量和功能上应满足教学需要，并配备专职人员对教学设施进行日常管理和维护。根据国家教育部对本科专业设置的要求，生均教学行政用房面积一般不小于 9 平方米；生均教学科研仪器设备值不低于 3 000 元；每百名学生教学用计算机不少于 10 台，每百名学生多媒体教室和语音教室座位不少于 7 个。

9.2 信息资源

图书资料能够满足学生的学习和教师的教学与科研所需；管理规范，共享程度度高；生均图书不少于 100 册，并有一定比例的俄文图书和报刊；生均年进书量不少于 4 册。

拥有本专业相关的电子资源；拥有覆盖学习及生活场所的网络系统；具备开发和运行网络课程的基础条件。

9.3 实践教学

各高校应具有满足人才培养需要的相对稳定的实践教学条件；应根据专业特点和需要建设专业实验室、实训中心、校内外实践教学基地等；应充分利用各种资源建设大学生创新创业教育平台。

9.4 教学经费

教学和科研经费有保障，总量能满足教学需要。根据教育部对本科专业设置的要求，生均年教学日常运行支出不低于 1 000 元，并应根据不同地区不同类型学校的实际情况，合理提高教学经费的投入。

10. 质量管理

10.1 教学与评价

10.1.1 教学要求

教学应：① 遵循本《指南》；② 融合语言学习与知识学习，以能力培养为导向，重视语言能力、跨文化能力、思辨能力和自主学习能力的培养；③ 因材施教，根据教学目标和内容有效选择合适的教学方法，重视启发式、讨论式和参与式教学方法的使用，促进学生的全面发展和个性发展；④ 合理使用现代教育技术，注重教学效果。

10.1.2 评价要求

评价应以促进学生学习为目的，根据培养方案确定评价内容和标准，选择科学的评价方式、方法，合理使用评价结果，及时提供反馈信息，不断调整和改进教学。评价应注重形成性评价与终结性评价相结合。

10.2 质量保障体系

10.2.1 教学过程质量监控机制要求

应建立教学过程质量监控机制。各教学环节有明确的质量要求，定期进行课程设置和教学质量评价。

10.2.2 毕业生跟踪反馈机制要求

应建立毕业生跟踪反馈机制以及社会评价机制，对培养方案是否有效达成培养目标进行定期评价。

10.2.3 持续改进机制要求

应建立完善的持续改进机制，确保教学过程质量监控结果、毕业生跟踪反馈结果和社会评价结果及时用于专业的持续改进。

11. 术语与释义

（1）俄语运用能力

学生应能理解俄语口语和书面语传递的信息、观点、情感；能使用俄语口语和书面语有效地传递信息，表达思想、情感，再现生活经验，并能注意语言表达的得体性、灵活性和丰富性；能借助语言工具书和相关资源进行笔译工作，并能完成一般的口译任务；能运用语言学基础理论和基本研究方法对语言现象进行分析与解释。

（2）文学赏析能力

能理解俄语文学作品的内容和主题思想；能欣赏不同体裁文学作品的特点、风格和语言艺术；能对俄语文学作品进行评论。

（3）跨文化能力

尊重世界文化多样性，具有跨文化同理心和批判性文化意识；掌握基本的跨文化研究理论知识和分析方法，理解中外文化的基本特点和异同；能对不同文化现象、文本和制品进行阐释与评价；能有效地、恰当地进行跨文化沟通；能帮助不同文化背景人士进行有效的跨文化沟通。

（4）思辨能力

勤学好问，相信理性，尊重事实，谨慎判断，公正评价，敏于探究，持之以恒地追求真理；能对证据、概念、方法、标准、背景等要素进行阐释、分析、评价、推理与解释；能自觉反思和调节自己的思维过程。

（5）研究能力

具有一定的调查研究能力和理论研究能力，以及发现问题、分析问题、解决问题的能力。

（6）创新能力

具有创新意识，能够综合运用已有知识和经验提出见解、探索方法、解决问题。

（7）信息技术应用能力

了解和掌握信息技术基本知识和技能，并能利用现代信息技术手段进行学习、交流思想、开展科研活动。

（8）自主学习能力

能对学习进行自我规划、自我监管、自我评价、自我调节；能组织和配合他人开展学习活动；能及时总结并善于借鉴有效学习策略改进学习方法。

（9）实践能力

能通过实践活动拓展知识，掌握技能，学习与他人沟通合作；能运用所学的理论和技能解决实际问题；能管理时间，规划和完成任务；能承受压力，适应新环境；能运用基本的信息技术。

附录：核心课程描述

（1）基础俄语

俄语名称： Русский язык (Базовый уровень)

基础俄语是训练和提高学生口、笔语实践能力的核心课程。其主要教学任务是在日常生活、学习及一般社会文化题材范围内，讲授常用词语和句式，培养学生听、说、读、写、译的基本言语技能，发展言语交际能力，密切结合朗读等言语训练及语法教学，完善语音、语调。

（2）高级俄语

俄语名称： Русский язык (Продвинутый уровень)

高级俄语是训练学生综合俄语技能，特别是读、写、说能力的核心课程。通过阅读、分析、讨论各种社会生活题材的材料，扩大学生的知识视野，提高学生用俄语交际的能力，提高逻辑思维和独立思考能力，进一步巩固和提高学生的言语技能，特别是连贯表达能力。本课程教材应配大量相关练习，如阅读理解、词汇辨析、修辞分析、俄汉互译、写作练习等，使学生实际运用俄语的水平有较大提高。

（3）俄语语法

俄语名称： Грамматика русского языка

俄语语法课是讲授语法知识的主要课程，其教学目的是使学生了解并掌握词法和句法的基本知识。语法知识可通过句型、表格和简明注释进行讲解，应精讲多练，练习力求有针对性、实用性和交际性。每一语法项目之后应安排相应的练习，全部语法项目完成之后应进行综合性的言语训练。

（4）俄语阅读

俄语名称： Русский язык (Чтение)

基础阶段阅读课的目的在于培养学生俄语阅读理解能力以及分析、思考、判断和评价的综合思维能力，培养学生速读及查阅工具书的能力。通过阅读扩大学生的词汇量，巩固语言知识，拓展学生的知识面，促进学生语感的形成。阅读课应选用题材广泛的材料，难度应相当或略低于基础俄语教材课文的材料。

提高阶段阅读课的目的在于进一步提高学生的俄语阅读速度和理解能力；提高学生使用工具书的能力，进一步扩大学生的俄语词汇量，增加学生的语言、文化、社会知识；提高学生分析、思考、判断和评价的综合思维及概括能力。阅读课应注意题材的广泛性，同时解决好提高阅读理解能力、阅读速度和把握中心思想之间的关系。

（5）俄语视听说

俄语名称：Русский язык (Аудирование)

视听说课是俄语听力和口语相结合的课程。基础阶段的视听说课应把语音、语调训练作为主要任务之一。在听力理解方面通过各种形式的训练，使学生在熟悉的题材范围内能听懂俄罗斯人简单的言语，听懂、看懂难度相当的声像资料。在口语表达方面，通过各种形式的训练使学生能就熟悉的题材进行简单的对话和讲述。要求语音、语调自然，表达基本正确。

提高阶段的视听说课在听力理解方面通过各种形式的训练，使学生能听懂俄罗斯人在社交场合的交谈、讲话，听懂俄罗斯联邦电视、广播中有关政治、外交、经济、社会、文化的新闻报道、采访讲话和专题节目。要求能理解大意，抓住主要观点。在口语表达方面，通过各种形式的训练，使学生能就熟悉的题材进行交谈和发言，能就我国和俄罗斯的政治、外交、经济、社会、文化等方面的常见话题进行交谈。要求语音、语调自然，语言基本正确、连贯达意，根据不同的交际对象和交际场合正确运用语言的各种表达形式，完成交际任务。

（6）俄语写作

俄语名称：Русский язык (Письмо)

写作课的目的在于培养学生用俄语写作的能力。通过具体的写作实践，使学生掌握提纲、摘要、记事、说明、议论及应用文的基本写作方法和技巧。要求语言基本正确，条理清楚，书写规范，语体得当。

（7）翻译理论与实践

俄语名称：Теория и практика перевода

翻译理论与实践课的目的在于通过讲授各种语体的翻译方法与技巧，对比分析俄汉两种语言的差异，使学生掌握俄汉、汉俄翻译的基本理论，掌握处理各种词汇和语法现象互译的方法与技巧。要求译文忠实原意，语言流畅，能体现各种语体的语言特征。

（8）俄罗斯概况

俄语名称：Страноведение России

俄罗斯概况课的目的在于使学生了解掌握俄罗斯基本国情文化知识，加深对俄罗斯的认知，培养学生对俄语专业的兴趣。要求学生基本了解俄罗斯地理、历史、教育、科学技术、文学艺术、生活传统与风俗、当前政治、大众传媒和日常生活等方面的内容。对部分知识点要求俄语认记。

（9）俄罗斯文学史

俄语名称：История русской литературы

俄罗斯文学史课的目的在于通过讲授俄罗斯经典作家和作品、主要文学思潮和流派，使学生了解和掌握俄罗斯文学史知识，加强学生的文学素养，促进学生文化素质的提高。课程内容主要包括 19 世纪俄罗斯文学史和 20 世纪俄罗斯文学史。

　　《指南》研制是推动《国标》落地生根的重要举措，是对《国标》的继承、发展和创新，《指南》研制过程是集体智慧的结晶。2018 年 12 月，新一届教育部高等学校教学指导委员会成立。外指委俄语分委会按照外指委统一部署，将《指南》研制作为本届俄分委的重点工作来抓，成立了以主任委员为组长、副主任委员为副组长、全体委员为成员的《指南》编委会（按姓氏拼音顺序排列）。

　　编委会主任委员：刘宏

　　副主任委员：黄玫、宁琦、王加兴、王铭玉、王松亭、许宏

　　委员：高国翠、高荣国、管海莹、黄东晶、黄玫、李建刚、刘宏、刘娟、刘佐艳、马卫红、宁琦、彭文钊、王加兴、王铭玉、王松亭、王永、王宗琥、谢周、徐曼琳、徐琪、许宏、阎国栋、杨可、张娜、赵红、赵晓佳

　　《指南》初稿由王加兴执笔修订。初稿形成后，首先在俄语分委会全体委员范围内征求意见，凝聚共识。2019 年 3 月 29 日，俄语分委会第一次全体会议在大连外国语大学召开。会上，全体委员就《指南》初稿进行了热烈研讨，有针对性地提出了修改意见和建议。经再次修订后，4 月 20 日《指南》修改稿提交外指委审议。外指委秘书处在征求全体委员对各专业《指南》意见和建议后，形成了修订反馈意见。

　　2019 年 5 月 16~17 日，教育部外指委在杭州召开第一次《指南》审稿会，又称为之江会议。刘宏、王铭玉、宁琦、王松亭、黄玫、许宏、彭文钊参加了此次审稿会。之江会议对《指南》修订起到了决定性作用。七名与会专家根据外指委秘书处反馈意见，基于《国标》，对《指南》进行了逐字逐句修订、完善，在核心概念术语表达和毕业论文要求等方面形成共识。需要特别指出的是，许钧教授与会并对《指南》研制提供了有力指导和宝贵的建设性修订意见。之江会议后，王加兴、彭文钊根据外指委秘书处反馈意见，针对尚未解决的遗留问题，对《指南》进行了再

次修订，形成了修改二稿。经过全体委员投票通过，7 月 30 日再次提交外指委审议。

2019 年 8 月 31 日，外指委在北京召开第二次《指南》审稿会，俄语分委会全体委员参加了此次会议。本次会议对《指南》修订提出了新的反馈意见，进一步统一了《指南》体例、结构及核心术语表达，增加了前言、后记和作为附录的参考性教学计划及核心课程描述，同时对各专业《指南》有针对性地提出了修订意见和建议。

俄语专业《指南》修订得到了俄语学界诸多专家学者的大力支持。李英男教授和戴桂菊教授分别针对《指南》核心术语表达给出了建设性的意见和建议，为《指南》修订提供了重要帮助。

北京会议后，王加兴、彭文钊分别针对《指南》前言、后记、主要内容和附录进行了再次修订。王加兴执笔起草了《指南》教学计划和核心课程描述，彭文钊执笔起草了前言、后记。《指南》正文部分主要修订了专业方向课程和毕业论文相关条文，形成了《指南》修改三稿。经全体委员再次讨论、修改完善后，10 月 15 日向外指委提交《指南》定稿，经教育部审核通过后出版发布。

《指南》研制过程中，得到了教育部高教司等上级主管部门的有力指导，得到了各高校俄语专业院系的无私关心、支持和帮助。《指南》能够顺利出版，也离不开外语教学与研究出版社、上海外语教育出版社和高等教育出版社的大力支持。在此，一并表示诚挚谢意！

普通高等学校
本科德语专业教学指南

教育部高等学校外国语言文学类专业教学指导委员会

德语专业教学指导分委员会

编著

前　言

2018 年，教育部颁布《普通高等学校本科专业类教学质量国家标准（外国语言文学类）》（以下简称"《国标》"），作为专业准入、建设和评价的依据，提出外语类专业旨在"培养具有良好的综合素质、扎实的外语基本功和专业知识与能力，掌握相关专业知识，适应我国对外交流、国家与地方经济社会发展、各类涉外行业、外语教育与学术研究所需要的各外语语种专业人才和复合型外语人才"。围绕这一培养目标，《国标》对外国语言文学类专业的培养规格、课程体系、教师队伍、教学条件、质量管理制订了统一而又不失弹性的标准。

在此背景下，教育部高等学校外国语言文学类专业教学指导委员会德语专业教学指导分委员会研制了《普通高等学校本科德语专业教学指南》（以下简称"《指南》"），目的是指导各高校德语专业落实《国标》基本精神，在《国标》基础上，参照《指南》，根据社会需要、区域特点和办学定位，制订本校德语专业的本科人才培养方案。

为推动德语专业内涵式发展，《指南》提出了语言学、文学、国别和区域研究、翻译学、跨文化研究五个专业方向及建议课程，各校可根据自身条件和需要灵活设置。这五个方向的设置，不仅符合《国标》精神，也与国务院学位委员会第六届学科评议组颁布的《学位授予和人才培养一级学科简介》中对外国语言文学学科内涵的界定直接对应。

在能力要求方面，《指南》提出了"德语运用能力、文学赏析能力、跨文化能力、思辨与创新能力，以及一定的研究能力、国情研判能力、信息技术应用能力、自主学习能力和实践能力"。其中"国情研判能力"这一概念是首次提出，要求学生应能根据掌握的德语国家的历史、政治、经济、社会、文化等知识，对德语国家的重大社会事件做出初步研判。这一要求的提出，旨在使德语专业人才培养更加紧密地与国家和社会需求结合起来，更好地回答"培养什么人、怎样培养人、为谁培养人"这个根本性问题。

德语专业的发展历程，是自觉服务民族和国家事业发展的历程，在一个个时代节点上形成了具有创新性的思想。在能力要求方面，2012 年出版的《普通高等学校本科专业目录和专业介绍》就提出了当时具有鲜明新意的表述，即："具有较强的跨文化交际能力，能用德语就本国国情与文化较好地进行表达和交流"。

这次《指南》提出"国情研判能力"，与"用德语讲好中国故事"的思路是一脉相承的，是中国特色社会主义进入新时代的背景下对德语专业人才能力结构的新思考、新表述，有待在教学改革的实践中进一步探索。

《指南》是一份指导性方案，鼓励各专业点在《国标》的基础上积极探索德语专业建设之路、改革之路，打造合格过硬的教师队伍，充分利用现代教育信息技术，不断改善教学条件，提高教学质量，健全质量管理机制，以期在百舸争流过程中，涌现出无愧于时代的国家一流、世界一流的德语专业。

目　录

普通高等学校本科德语专业教学指南

1. 概述

为了促进普通高等学校德语专业本科教育教学改革，提高人才培养质量，根据《外国语言文学类专业本科教学质量国家标准》的文件精神，制订《普通高等学校本科德语专业教学指南》。

德语专业隶属于外国语言文学学科，主要以德语语言、德语文学、翻译、跨文化以及国别和区域研究等为学习和研究对象。相关学科主要有哲学、历史学、政治学、社会学、经济学、管理学、法学、教育学等。

《普通高等学校本科德语专业教学指南》是德语专业本科建设、指导和评价的依据。各普通高等学校应在参照本指南的基础上，根据社会需要、区域特点和办学定位，制订学校的德语专业本科人才培养方案。

2. 适用专业范围

《普通高等学校本科德语专业教学指南》适用于德语专业。

专业代码为 050203。

3. 培养目标

德语专业旨在培养具有良好的综合素质、扎实的德语基本功和专业知识与能力，掌握相关专业知识，适应我国对外交流、国家与地方经济社会发展、各类涉外行业、德语教育与学术研究需要的德语专业人才和复合型外语人才。

4. 培养规格

4.1 素质要求

德语专业学生应具有正确的世界观、人生观和价值观，良好的道德品质，中国情怀和国际视野，社会责任感，人文与科学素养，合作精神，创新精神，学科基本素养以及良好的身体和心理素质。

4.2 知识要求

德语专业学生应掌握德语语言知识、德语文学知识、德语国家及相关区域知识、跨文化知识和中国语言文化知识，了解人文社会科学与自然科学基础知识以及相关专业知识，形成跨学科知识结构，体现专业特色。

4.3 能力要求

德语专业学生应具备德语运用能力、文学赏析能力、跨文化能力、思辨与创新能力，以及一定的研究能力、国情研判能力、信息技术应用能力、自主学习能力和实践能力。

5. 学制、学分与学位

德语专业本科学制一般为 4 年，各校可根据实际情况实行弹性学制，允许学生在 3~6 年内完成学业。课程总学分一般为 150~180 学分，对按规定修满学分并符合德语专业本科人才培养方案要求的学生，颁发德语专业本科毕业证书并授予文学学士学位。

6. 课程体系

6.1 总体框架

课程体系依据培养目标和培养规格进行设计。德语专业课程体系包括公共基础类课程、专业核心课程、专业方向课程、实践教学环节和毕业论文五个部分。

课程设置应处理好通识教育与专业教育、语言技能训练与专业知识教学、必修课程与选修课程、德语专业课程与相关专业课程、课程教学与实践教学的关系，突出能力培养和专业知识建构，特别应突出跨文化能力、思辨能力和创新能力培养，并根据经济社会发展需要建立动态课程调整机制。

课程总学时为 2 400～2 900 学时。各高等学校德语专业应根据本校的办学定位和培养目标，确定课程体系各部分之间的合理比例。

6.2 课程结构

6.2.1 公共基础类课程

公共基础类课程分为公共必修课程和通识选修课程两类。

公共必修课程一般包括思想政治理论、信息技术、体育与健康、军事理论与训练、创新创业教育、第二外语等课程。

通识选修课程一般包括提升学生知识素养、道德品质与身心素质的人文与社会科学和自然科学课程。

各高校德语专业应根据培养规格，有计划地充分利用学校公共基础类课程资源，帮助学生构建合理的知识结构。

6.2.2 专业核心课程

专业核心课程旨在提高学生的专业水平和研究能力，分为德语技能课程和专业知识课程，一般为必修课，课时不低于专业总课时的 50%。德语技能课程主要包括以下课程：德语语音与正音、德语口语、基础德语、高级德语、德语分析阅读、德语基础写作、德语视听说等。专业知识课程主要包括以下课程：德语国家概况、德语文学概论、德语语言学导论、德语语法、翻译理论与实践、跨文化交际、学术论文写作及研究方法等。

如果以上某课程没有独立开设，其内容应在整个课程体系中得到体现。

6.2.3 专业方向课程

专业方向课程旨在拓展学习领域，凸显专业特色，主要包括语言学、文学、国别和区域研究、翻译学、跨文化研究方面的课程。

语言学方向可开设德汉语言对比、语言与社会、德语文体与修辞等课程。

文学方向可开设德语国家文学史、德语文学选读、文学理论入门等课程。

德语国家研究方向可开设德语国家历史、政治、经济、外交、社会等课程。

翻译学方向可开设翻译学导论、德汉互译、翻译批评与赏析等课程。

跨文化研究方向可开设跨文化交流概论、中德文化比较研究、跨文化交流研究方法等课程。

此外，各高校德语专业可根据办学特色、师资条件等灵活设置特色课程。

鼓励以上课程用德语或中德双语授课。

6.2.4 实践教学环节

实践教学环节旨在促进学生的全面发展，主要包括专业实习、创新创业实践、社会实践、国际交流。

专业实习旨在培养学生运用专业知识和技能解决实际问题的能力。各高校德语专业应根据培养方案制订实习计划，确保有明确的目标和要求、详细的内容和步骤、专业的指导和考查。

创新创业实践旨在培养学生解决问题的能力和创新创业能力。各高校德语专业应制订科学合理的创新创业实践计划，开展学科竞赛、学习兴趣小组、学术社团、创新创业项目等实践活动。

社会实践旨在帮助学生了解民情和国情，增强社会责任感。各高校德语专业应围绕人才培养目标和社会需求制订社会实践计划，开展社会调查、志愿服务、公益活动、勤工助学、支教等社会实践活动。

国际交流旨在拓展学生的国际视野，提升跨文化能力。各高校德语专业应根据人才培养目标、办学特色和自身条件，有计划地开展暑期国际夏令营、短期留学、国内外联合培养等形式多样的国际交流活动。

6.2.5 毕业论文

毕业论文旨在培养和检验学生综合运用所学理论知识研究、解决问题的能力和创新能力。

毕业论文选题应符合德语专业培养目标和培养规格，有一定的创新价值与实际意义，写作符合学术规范；可采用学术论文、实践报告、调研报告、翻译与评析等多种形式。学术论文、实践报告和调研报告一般应使用德语撰写，原则上不少于 4 000 词；翻译与评析一般为德译汉，其中译文部分原则上不少于 8 000 字，评析部分用德语撰写，原则上不少于 2 000 词。

各高校德语专业应根据各自的实际情况设定毕业论文撰写资格，并制订毕业论文选题、开题、写作、指导和答辩等相关规定，明确指导教师职责、毕业论文写作过程和质量规范，指导过程应以适当形式予以记录。

7. 专业方向课程教学计划（参考）

课程名称		总学时	学时分配		学分数	开课学期	周学时	备注
			讲授	实践（验）				
语言学方向课程	必修／选修	德语语言发展史	32			2	5	2	学时分配栏中的讲授和实践（验）课时各校根据实际情况自行安排。必修课程和选修课程的设置由各校根据实际情况自行安排。
		德汉语言对比	32			2	6	2	
		语言与社会	32			2	6	2	
		德语文体与修辞	32			2	7/8	2	
		德语语言学研究方法	32			2	7/8	2	
		……							

（续表）

课程名称		总学时	学时分配		学分数	开课学期	周学时	备注
			讲授	实践（验）				
文学方向课程	必修/选修	文学理论入门	32			2	5	2	
		欧洲文学史	32			2	6	2	
		德语文学选读	32			2	5/6	2	
		德语国家文学史	32			2	5/6	2	
		德语文学研究导论	32			2	7/8	2	
		……							
德语国家研究方向	选修/必修	中德关系	32			2	5/6	2	学时分配栏中的讲授和实践（验）课时各校根据实际情况自行安排。必修课程和选修课程的设置由各校根据实际情况自行安排。
		德国外交导论	32			2	6/7	2	
		德国经济导论	32			2	6/7	2	
		区域与全球治理	32			2	7/8	2	
		社会科学研究方法	32			2	7/8	2	
		……							
翻译学方向课程	必修/选修	翻译学导论	32			2	5	2	
		德汉、汉德笔译	32			2	6/7	2	
		德汉、汉德口译	32			2	6/7	2	
		德汉、汉德商务翻译	32			2	7/8	2	
		德汉、汉德政务翻译	32			2	7/8	2	
		……							
跨文化研究方向课程	必修/选修	跨文化商务交际	32			2	5	2	
		跨文化媒体传播	32			2	6	2	
		中德文化比较研究	32			2	7	2	

（续表）

课程名称		总学时	学时分配		学分数	开课学期	周学时	备注
			讲授	实践（验）				
跨文化研究方向课程	必修／选修	跨文化学术交流	32			2	7	2	学时分配栏中的讲授和实践（验）课时各校根据实际情况自行安排。必修课程和选修课程的设置由各校根据实际情况自行安排。
		跨文化交流研究方法	32			2	8	2	
		......							

8. 教师队伍

8.1 师资结构

德语专业应有一支合格的专任教师队伍，形成教研团队。教师的年龄结构、学缘结构、职称结构应合理，一般应具有博士学位。教师队伍中应有学术带头人，专任教师应不少于 6 人，有条件的学校应聘用外籍教师，生师比应符合德语专业的需要，不高于 18:1。

8.2 教师素质

高校德语专业的专任教师应符合《中华人民共和国教师法》和《中华人民共和国高等教育法》规定的资格和条件，履行相关义务；应具有外国语言文学类学科或相关学科研究生学历；应具备丰厚的专业知识，熟悉外语教学与学习的理论和方法，对教育学、心理学等相关学科知识有一定了解；应具备扎实的外语基本功、教学设计与实施能力、课堂组织与管理能力、现代教育技术和教学手段的应用能力、教学反思和改革能力以及明确的学术研究方向和研究能力。

外籍教师的聘任应根据岗位需要，达到上述条款中所有适用标准。

8.3 教师发展

学校应制订科学的教师发展规划，通过学历教育、国内外进修与学术交流、行业实践等方法，使教师不断更新教育理念，优化知识结构，提高专业理论水平与实践能力。

教师应树立终身发展的观念，制订切实可行的发展计划，不断提高教学水平和研究能力。

9. 教学条件

9.1 教学设施

教学场地和实践场所在数量和功能上能满足教学需要，并配备专职人员对教学设施进行日常管理和维护。根据国家教育部对本科专业设置的要求，生均教学行政用房面积一般不小于 9 平方米；生均教学科研仪器设备值不低于 3 000 元；每百名学生教学用计算机不少于 10 台，每百名学生多媒体教室和语音室座位数不少于 7 个。

9.2 信息资源

图书资料能够满足学生的学习和教师的教学与科研所需；管理规范，共享程度度高；生均图书不低于 100 册，并有一定比例的外文图书和报刊；生均年进书量不低于 4 册。

拥有本专业相关的电子资源；拥有覆盖学习及生活场所的网络系统；具备开发和运行网络课程的基础条件。

9.3 实践教学

各高校应具有满足人才培养需要的相对稳定的实践教学条件；应根据专业特点和需要建设专业实验室、实训中心、校内外实践教学基地等；应充分利用各种资源建设大学生创新创业教育平台。

9.4 教学经费

教学和科研经费有保障，总量能满足教学需要。根据教育部对本科专业设置的要求，生均年教学日常运行支出不低于 1 000 元，并应根据不同地区不同类型学校的实际情况，合理提高教学经费的投入。

10. 质量管理

10.1 教学与评价

10.1.1 教学要求

教学应融合语言学习与知识学习，以能力培养为导向，重视语言运用能力、跨文化能力、思辨能力和自主学习能力的培养；因材施教，根据教学目标和内容选择合适的教学方法，重视启发式、讨论式以及参与式教学方法的使用，促进学生的全面发展和个性发展；合理使用现代教育技术，注重教学效果。

10.1.2 评价要求

评价应以促进学生学习为目的，根据培养方案确定评价内容和标准，选择科学的评价方式、方法，合理使用评价结果，及时提供反馈信息，不断调整和改进教学。评价应注重形成性评价与终结性评价相结合。

10.2 质量保障体系

10.2.1 教学过程质量监控机制要求

各高校德语专业应建立教学过程质量监控机制。各教学环节有明确的质量要求，定期进行课程设置和教学质量评价。

10.2.2 毕业生跟踪反馈机制要求

各高校德语专业应建立毕业生跟踪反馈机制以及社会评价机制，对培养方案是否有效达成培养目标进行定期评价。

10.2.3 持续改进机制要求

各高校德语专业应建立完善的持续改进机制，确保教学过程质量监控结果、毕业生跟踪反馈结果和社会评价结果及时用于专业的持续改进。

11. 术语与释义

（1）德语运用能力

学生应能理解德语口语和书面语传递的信息、观点、情感；能使用德语口语和书面语有效地传递信息，表达思想、情感，再现生活经验；能借助工具书和相关资源进行德汉互译工作；能运用语言学基础理论和基本方法对语言现象进行思考和分析。

（2）文学赏析能力

学生应能理解德语文学作品的主要内容、主题思想；能欣赏作者的创作风格、创作技巧和语言艺术；能运用文学基础理论和基本方法对文学作品进行评价。

（3）跨文化能力

学生应能通过专业学习认识世界的多样性，以开放的态度对待多元文化现象；能敏锐觉察、合理诠释文化差异；能运用适当策略完成跨文化交际任务；能帮助不同文化背景的人士进行有效的跨文化沟通。

（4）思辨与创新能力

学生应能对概念、论据、方法、标准、背景等要素进行阐释、分析、评价、推理与解释；能综合运用已有知识和经验提出见解、探索方法、解决问题。

（5）国情研判能力

学生应能根据掌握的德语国家的历史、政治、经济、社会、文化等知识，对德语国家的重大社会事件做出初步研判。

（6）自主学习能力

学生应能对学习进行自我规划、自我监管、自我评价、自我调节；能组织、配合他人开展学习活动；能及时总结、善于借鉴有效学习策略改进学习方法；能利用现代信息技术手段进行学习。

（7）实践能力

学生应能拓展所学知识以获取新知识、新技能，完善知识结构；能运用所学的理论、知识、技能解决实际问题；能通过实践活动学会与他人沟通、合作。

附录：专业核心课程描述

德语技能课程描述

（1）德语语音与正音

德语名称：Deutsche Phonetik

教学目标：本课程旨在培养学生在掌握德语语音知识的基础上正确发音与朗读的能力。通过课程学习，学生应能准确认知德语字母名称及读法；熟练掌握元音及辅音音素的构成和发音规则；应能准确掌握并正确运用规则进行德语发音和朗读；应能准确区分和辨识近似发音，辨识标准德语及其常见变体或方言的语音和语调；应能熟练划分音节，掌握德语词和外来词的发音区别；应能准确辨别出词重音及句重音，并能以正确的语音、语调进行朗读和口语表达。

教学内容：本课程教学内容主要包括德语语音知识介绍、朗读和辨音练习以及短文阅读训练三个方面。首先从德语字母表及字母名称、发音器官和常用术语解释入手，使学生对德语发音具备初步了解，进而围绕元音和辅音两大范畴语音要点，详细讲授德语语音知识、发音要领及发音规则。在此基础上，通过大量的词汇朗读和辨音练习，训练学生正确运用发音规则。最后过渡到篇章阅读，培养学生掌握规范准确的语音、语调。

（2）德语口语

德语名称： Mündlicher Ausdruck Deutsch

教学目标： 本课程旨在培养学生运用德语进行口头表达与交际的能力。通过课程学习，学生应能掌握标准德语的语音和语调，掌握口头交际所需要的表达手段和表达方法，并逐步养成用德语思维的习惯。通过课堂训练，学生能使用口头交际策略促进语言沟通和跨文化交际，能就特定话题进行自由表达和讨论，并具有一定的批判性思维能力。

教学内容： 本课程按交际情景和语言功能组织口语训练教学任务，融合德语语言知识、社会文化知识、口头交际策略，构建话题丰富、形式多样、实用有效、循序渐进且系统性强的德语口语训练内容体系。课程教学内容侧重语音语调、句型句式、情景对话、跨文化交际等方面的训练，着重培养学生的德语思维能力、连贯表达能力和跨文化交际能力。

（3）基础德语

德语名称： Grundkurs Deutsch

教学目标： 本课程通过系统性的课堂教学与训练，让学生全面掌握德语的基础语法知识点和基本词汇，掌握听、说、读、写等基本语言技能，并初步形成跨文化交际能力，能够在日常生活场景用德语进行口头和书面的交际沟通，能够在非专业领域用德语描述事实、表达观点并进行讨论，为学生进入高年级的专业学习打下扎实的语言基础。

教学内容： 本课程所教授的语言知识包括德语发音规则、德语单词拼写规则、德语基本句型及其运用、德语各词类语法规则与用法、德语各时态与语态的语法规则与用法、德语主动态和被动态的语法规则与用法、德语主从复合句的类型与用法等基本语法。本课程侧重于将语法知识的传授融入对语言技能的训练中，循序渐进地让学生掌握各种生活场景及工作学习实践中的基本交际内容，其中包括口头语和书面语的常用词汇、习惯用语和话语表达规范等。本课程以集中训练的方式，让学生最终具备完成各种语言交际任务所必需的词汇量、听力理解能力、阅读理解能力、口头和书面表达能力。本课程在训练语言技能的同时也适当讲授与之密切相关的跨文化交际常识、德语国家的国情与人际交往习俗及其文化背景，培养学生的跨文化沟通能力。

（4）高级德语

德语名称： Fortgeschrittenenkurs Deutsch

教学目标： 在基础德语课的基础上继续提高学生综合运用德语语言知识和技能的能力，使学生具备扎实的语言基本功和较强的语言交际能力。通过课程学习，学生应能熟知各种词类及其语法形式，熟练掌握构词法以及主要句型和句法结构的用法，识别不同文体语体，熟练使用各类句与句和段与段的语言衔接手段，掌握常用修辞手法、不同文体的写作技巧以及复合句难句的转换、释义和翻译方法；运用所学知识和技能进行批判性思考，并结合现实生活中的实际问题或热点话题展开讨论，表达观点，培养思辨能力。

教学内容： 本课程按题材主题组织教学单元，教学内容融语言、文学、翻译和文化知识于一体，通过语言交际任务促进听、说、读、写、译技能的综合运用和全面发展。语言知识教学部分包括词汇、句法、语篇等专项训练，同时强调整体系统性；文学与文化知识教学凸显学科的人文特色，用经典题材透视德语国家的历史和文化，用热门话题反映现代社会的文明与进步。

（5）德语分析阅读

德语名称： Leseverstehen Deutsch

教学目标： 本课程旨在培养学生阅读理解德语文本并进行批判性思维的能力。通过课程学习，学生应能熟练掌握德语语言基础知识并具有一定的德语国家社会文化知识；熟练掌握常用的德语阅读策略；分辨事实和观点；根据语境和上下文推断生词词义和隐含意义；归纳概括段落大意和篇章主旨；对篇章的文体、语体、结构、修辞、写作手法等进行分析；对作者的情感、态度、意图进行分析和评价；对相同或相关主题的不同篇章进行对比分析。

教学内容： 本课程主要围绕策略训练、知识学习和能力培养三个方面组织教学内容。策略方面主要训练略读、寻读、细读等阅读理解的技巧和方法；知识内容主要包括词汇、句法和篇章方面的德语语言知识以及与阅读语篇相关的社会文化背景知识；能力培养主要包括文本语言理解、篇章结构分析以及逻辑思辨与批判性思维等方面的内容。教学内容按主题组织单元，主题涉及社会、文化、政治、外交、教育、科技、经贸、环保等不同领域。

（6）德语基础写作

德语名称： Schriftlicher Ausdruck (Grundkurs)

教学目标： 本课程旨在培养学生使用德语进行书面表达的能力。通过课程学习，学生应熟练掌握德语写作的基本技能，能够撰写多种体裁的短文；了解学术写作的规范和方法，并能独立撰写小型课题研究报告；养成良好的写作习惯，具有一定的批判性写作能力。

教学内容： 本课程主要包括写作知识、写作策略和写作能力三个方面的教学内容。写作知识主要包括选词组句、标点使用、篇章结构、文体特点、文章修改等方面的知识；写作策略方面强调句型运用、段落组织、篇章布局、范文模仿等写作技能和方法；写作能力培养主要包括立意构思、观点论证、修改评阅以及批判性思维的能力。教学内容按任务难度依次进行句段写作、多体裁写作和初级学术写作教学。写作话题循序渐进，从人物场景、家庭生活、校园活动向科技发明、人生哲理、社会问题推进，注重人文性、科学性和思想性的有机结合，着力提高学生分析问题、逻辑思辨和有效表达的能力。

（7）德语视听说

德语名称： Audiovisuell gestützte mündliche Kommunikation

教学目标： 本课程旨在培养学生理解音视频德语并就相关内容进行口头表达的能力。通过课程学习，学生应能正确辨别标准德语及其常见变体的语音和语调；分辨要义与细节，推断隐含意义，概括主旨大意；用缩写形式快速记录要点并拟列提纲；利用笔记对视听内容进行转述、复述、概述和评价；围绕单元主题就视听内容展开讨论，并对讨论结果进行口头总结和汇报；能熟练运用视听说策略有效进行跨文化沟通。

教学内容：本课程主要包括视听理解与口头表达策略、语言知识及相关社会文化知识、语言运用与批判性思维能力等三个方面的教学内容，要求突出阶段针对性、难度层级性和整体系统性，同时兼顾知识性、趣味性和思想性。视听材料与学生的学习生活和社会生活密切相关，主题广泛、素材丰富、难易有序。主题按单元进行组织，主要涉及个人及人生经历、社会与文化生活、教育和科技发展等学生熟悉的话题；素材一般为标准语速日常口语材料，包括情景对话、专题讲话、学术讲座、演讲辩论、电视电台节目和电影片段等语言材料。

专业知识课程描述

（1）德语国家概况

德语名称：Landeskunde deutschsprachiger Länder

培养目标：通过本课程的学习，学生应能做到具有探究德语国家社会文化的兴趣，形成较强的自主学习能力，比较系统地了解主要德语国家的人文地理、政治制度、社会文化等概况，为进一步学习文学、语言、翻译、文化等方向的课程奠定一定的背景基础知识，具备较强的跨文化交际能力。

教学内容：本课程以德语国家的历史发展进程为主线，涵盖古希腊罗马时期日耳曼部族至当代德国的各个时期。教学主题可以包括但不限于各历史发展阶段中的政治、经济、文学及宗教等方面的重大事件。在教学材料的选择上注重材料的概括性、典型性、公正性、多样性和时新性，既包括扩大学生知识面的事实性材料，也包括促进学生概括、分析、推理等深层次思考能力提升的观点型材料。

（2）德语文学概论

德语名称：Einführung in die deutschsprachige Literatur

教学目标：本课程旨在帮助学生掌握德语文学基础知识，提高理解、赏析和评价德语文学作品的能力。通过课程学习，学生应能理解德语文学的基本要素；熟悉德语国家的文学传统；通过文学作品深入了解德语国家的语言、社会、文化及其历史传承；掌握文学研究的基础理论和基本方法，并能对德语文学作品进行分析和评论。

教学内容：本课程主要包括文学作品导读、文学理论与文学批评等方面的内容。文学作品导读以德语文学史上的经典名作为主，重点介绍小说、诗歌、戏剧三类文学体裁的要素特征、主要流派及相关文学史知识，体现当今德语文学发展的新格局和趋势。文学理论与文学批评着重介绍马克思主义、精神分析、神话原型批评理论、身份认同理论、女性主义、接受美学、后殖民批评等现代西方文学分析与批评理论，以及学术论文撰写的基本规范和常见体例，指导学生运用有关理论进行规范的文学批评写作。

（3）德语语言学导论

德语名称：Einführung in die deutsche Linguistik

教学目标：本课程旨在培养学生对人类语言的理性认识，提高学生的语言文化意识和批判性思维能力。通过课程学习，学生应能初步掌握德语语言学的基本概念、原则和方法；了解现代语言学的基本分支、主要理论流派及其基本的语言学观点；掌握相关语言分析方法，运用语言学知识观察和分析语言现象，增强学生语言敏感度，提高其语言习得效度，促进德语学习。

教学内容：本课程主要包括语言与语言学、语言学的基本分支、语言分析方法及语言学研究方法等方面的内容。语言与语言学主要突出语言的本质、特征和功能以及德语语言学基本概念；语言学基本分支重点介绍德语语音学、音位学、形态学、句法学、语义学、语用学、篇章语言学等分支的基本内容以及现代语言学主要流派的基本观点；语言分析方法及语言学研究方法主要涉及德语词缀与构词法、语义分析方法、语篇分析方法等相关语言分析方法以及语言学研究方法等。

（4）德语语法

德语名称：Deutsche Grammatik

教学目标：本课程旨在辅助基础德语课程和高级德语课程，系统传授德语语法的基本概念、规则和进行语法方面的能力训练，让学生有意识地了解和熟悉德语语法规则和特征，增进德语语言能力的训练，详细讲解语法重点与难点，起到举一反三的教学效果。本课程以学生多种形式的语法训练为主，教师的知识教授为辅，旨在帮助学生熟练掌握德语语法知识，提高德语语法知识的综合运用能力。通过课程学习，学生应能熟练掌握德语词法、句法和篇章的基本知识，并能对词、句、篇的语法特征进行分析；综合运用所学的语法知识顺利完成说、听、读、写、译交际任务。

教学内容：本课程按德语基本语法内容组织教学单元，主要包括词法、句法和语篇三个方面的内容。词法部分主要介绍词类和词组的特征和功能，重点关注名词、动词、形容词、冠词、代词、副词、介词等，帮助学生厘清名词的性数格、定冠词与不定冠词的特点、形容词词尾变化、动词的变位和时态等；句法部分主要讲解基本句型和特征结构的特点，主要包括德语语序、动词谓语的位置，陈述句、疑问句、祈使句，常用的 5 个时态、被动态、虚拟式用法、直接引语和间接引语等；语篇部分重点介绍连句成篇的衔接手段，主要包括连词、代词、副词等以及词汇衔接手段。

（5）翻译理论与实践

德语名称：Einführung in die Übersetzungstheorien und -praxis

培养目标：通过本课程学习，学生应能够了解翻译理论的发生和发展脉络，了解各种翻译理论流派的基本观点，懂得区分翻译工作的不同类型及其各自的要求和方法，具备一定的理论分析和翻译批评能力，能够独立撰写小型课题研究报告及论文。

教学内容： 本课程主要讲解翻译学发展的历史、主要理论和概念；翻译工作主要的实践形式和职业要求；语言能力与翻译能力的区别及其相互关系；不同的翻译类型；笔译与口译的区别；翻译的等值问题；语言中介与文化中介的关系；针对翻译过程不同阶段的练习方法、单项能力的练习方法。通过理论讲解，使学生对翻译的本质、翻译的过程、翻译的对象、翻译的主体、影响翻译的因素、翻译的功能、对翻译的评价以及多元文化语境下翻译的任务和使命产生更为全面、系统、深刻的认识。

（6）跨文化交际

德语名称： Interkulturelle Kommunikation

教学目标： 本课程旨在培养德语专业学生对文化现象的敏察力，帮助他们从跨文化的视角认识和分析中德文化，提高他们对（中德）跨文化实践的认知、情感和行为能力，尤其是应用德语进行跨文化交际的能力以及讲好中国故事的能力；培养学生进行跨文化终身学习的意愿和能力，从而不断促进其跨文化能力的发展。通过课程学习，学生应能了解和掌握跨文化交际的基础理论与方法，增强中国文化自信，并包容和尊重异文化，能够发现、适应和积极利用中德文化差异和共同点，善于将专业知识与能力主动应用于跨文化沟通中，从而得体、有效、成功地进行跨文化交际并帮助不同文化背景的人士进行跨文化沟通与合作。

教学内容： 本课程将跨文化交际基本理论与中德跨文化实践紧密结合，通过介绍跨文化交际的基本概念、理论与方法，帮助学生了解和探讨影响跨文化交际的基本因素（包括价值观、思维方式、人际关系、时间观、空间观、行为模式、语言、非言语交际等），并结合中德跨文化实践进行讨论与分析。通过教师讲授、课堂讨论、案例分析、模拟训练、角色扮演等形式，就中德跨文化交际的特征、

文化影响下的典型交际风格与文化内部差异以及与此相关的主要问题与解决方案
等主题进行探讨。

（7）研究方法与学术写作

德语名称： Forschungsmethoden und wissenschaftliches Schreiben

教学目标： 本课程旨在培养学生用德语进行学术论文写作的能力并掌握人文社
会科学的基本研究方法。通过课程学习，学生能快速有效地搜集筛选、阅读分
析和规范使用相关学术文献；了解德语学术论文写作的基本要求和方法，认识
德语学术论文的目的、结构、格式和规范；认识科学研究的标准和特点、科学
研究成果的不同表现形式，掌握人文社会科学的实证研究方法；具有积极创新
能力和学术道德规范意识，能够使用合适的科学研究方法实施一项科学研究小
项目并撰写科研小论文。

教学内容： 本课程注重理论与实践并举，采用讲授、讨论与项目学习相结合的
方法，重点围绕以下三个方面展开：第一，学习在当今信息化大数据时代，如
何快速且有效地搜集、筛选、节录、分析、使用和展示相关学术文献；第二，
把握学术论文的概念、性质、特点及分类，区别口语体和书面体格式，准确规
范用词，篇章衔接、连贯，学会如何立论、引证、注解和编撰参考书目；第
三，学习并探讨质性分析和量化研究等实证方法在人文社会科学，特别是外语
学科学习研究中的运用，提升批判思维、积极创新的能力，养成学术道德规范
意识。

后记

　　教育部高等学校外国语言文学类专业教学指导委员会（以下简称"外指委"）于2013年启动了外国语言文学类本科专业教学质量国家标准的研制工作。2014年初，德语专业教学指导分委员会（以下简称"德分委"）成立了由主任委员贾文键、副主任委员魏育青、秘书长缪雨露组成的德语本科专业教学质量国家标准起草小组。

　　在此之前，德分委历时两年完成了对全国德语专业的调研，厘清了德语专业的基本数据，对德语专业的水平考试、教师培训、科研工作等情况进行了总结分析，并出版了《中国德语本科专业调研报告》。此外，德分委编制了《中国德语专业发展战略建议书》《中国德语专业本科培养方案汇编》等内部文献，这些调研和认识成果奠定了德分委《国标》研制工作的坚实基础。

　　2014年4月22日，起草小组参加了外指委在外语教学与研究出版社召开的标准研制工作会议，根据会议工作方针确定了德语专业《国标》的框架结构和基本内容。5月19日，起草小组完成了德语专业《国标》讨论稿初稿。5至7月，起草小组根据外指委秘书处的要求，在培养规格和课程体系等方面对德语专业《国标》进行多次修改，完成德语专业《国标》讨论稿。7月12日，德分委邀请来自教育界、经济界、国家部委、旅游业和媒体行业的德语本科专业毕业生，听取毕业生们从社会需求角度对德语专业《国标》提出的意见和建议。会后，起草小组对德语专业《国标》中的素质和能力要求等内容进行了调整。7月下旬，起草小组通过电邮方式征求德分委委员们的意见，并根据反馈意见对《国标》中毕业论文的要求进行了修改。8月中旬，德语专业《国标》完成并提交给外指委秘书处。在起草和审议过程中，德分委委员们积极参与，除了起草小组的成员，2013~2017年德分委委员还有：王建、卫茂平、刘越莲、任国强、潘亚玲、丛明才、孔德明、刘齐生、綦甲福、刘学慧、赵薇薇、黄克琴、谢芳、李大雪。委员们群策群力，以严谨细致的工作态度高质量地完成了外指委下达的任务。后得知，外指委为外国语言文学类各语种专业制订统一的国家标准，不出台单独的德语专业国家标准，对此德分委表示欣然接受。

时光荏苒。2018年11月1日，2018～2022年教育部高等学校教学指导委员会成立大会在京召开。12月15日，新一届外国语言文学类专业教学指导委员会成立大会召开，德分委既有上届的老委员，也迎来了新面孔，人员组成如下：主任委员贾文键，副主任委员王建、丛明才、陈壮鹰、孔德明、刘齐生，秘书长吴江，委员张意、吴晓樵、刘文杰、刘学慧、潘亚玲、李双志、王颖频、李媛、綦甲福、杨劲、李大雪、张世胜。成立大会当天即接到编写《普通高等学校本科德语专业教学指南》（以下简称"《指南》"）的工作安排。委员们欣然上阵，因为有前期研制《国标》的基础，大家信心十足，形成了主任委员牵头、秘书长组织协调、落实文案，所有委员积极建言献策的工作机制。

2019年3月，德分委向外指委秘书处提交了《指南》送审稿。5月16～17日，外指委在杭州召开各分指委审稿会，德分委主任委员、副主任委员和秘书长参会，按照外指委统一部署，对《指南》进行了逐字逐句的审读和修改。会后，新的文本发送给德分委委员进一步征询意见。7月5日，德分委在大连外国语大学召开《指南》审稿会，除了德分委委员之外，会议还邀请了用人单位代表、德语专业毕业生代表参加会议。这次会议基本确定了《指南》的文本内容和文字表述。

到了9月初，德分委接到新的通知：《指南》须增补核心课程介绍和专业方向课程开课计划表。于是所有委员和秘书长各自认领工作，《指南》前言、后记的撰写由主任委员负责。主任委员、副主任委员和秘书长对补充材料进行了最终审核。喜逢共和国七十华诞之际，《指南》研制工作画上了圆满的句号。

《指南》研制工作的顺利完成，是在教育部高教司等上级主管部门关心指导下进行的，离不开外指委主任委员钟美荪、孙有中和各分指委同仁们的大力支持和配合，得益于德语专业毕业生和用人单位积极反馈信息、参与《指南》的修改，对此，德分委全体委员表示衷心的感谢！

普通高等学校
本科法语专业教学指南

教育部高等学校外国语言文学类专业教学指导委员会

法语专业教学指导分委员会

编著

前　言

　　纵观我国高校法语专业的发展历史，尤其是改革开放以来，法语专业从少到多、从弱到强，教学逐步规范，课程设置和专业管理体系不断完善，教师队伍日趋壮大，教育教学改革持续深化，为国家培养了一大批专业能力强、综合素质高的优秀法语人才，为改革开放和社会主义现代化建设做出了重要贡献。进入新时代，党和国家坚持对外开放的基本国策，处于重要历史转型期的中国社会对于法语人才的需求已经并继续发生着深刻的变化，我国高校法语专业因此迎来了新的发展机遇。

　　2018 年，教育部颁布《普通高等学校本科专业类教学质量国家标准（外国语言文学类）》（以下简称"《国标》"），提出外语类专业旨在"培养具有良好的综合素质、扎实的外语基本功和专业知识与能力，掌握相关专业知识，适应我国对外交流、国家与地方经济社会发展、各类涉外行业、外语教育与学术研究所需要的各外语语种专业人才和复合型外语人才"。为贯彻落实《国标》，我们研制了《普通高等学校本科法语专业教学指南》（以下简称"《指南》"），旨在为高校法语本科专业的建设提供进一步的指引，努力促进高校法语本科专业特色发展，积极推动建构中国特色法语本科专业人才培养体系。

　　本《指南》以《国标》为基准，确立了法语本科专业课程体系并对专业核心课程进行了描述。鼓励各高等学校结合本校实际，确定本校的人才培养目标、课程设置、教学计划和教学要求，制订体现本校定位和办学特色的培养方案。本《指南》确立的课程体系，突出学科交叉和知识融通，强调跨学科、跨文化的知识建构，在法语专业核心课程和传统专业方向课程的基础上，特别设置了国别与区域研究和跨文化交际等专业方向课程。本《指南》就课程设置、师资队伍、教学评估和教学条件等重要环节提出了明确而具体的指标要求，为今后专业建设的评估提供了依据。

　　本《指南》将从理念、目标、实践、质量等维度为全国高等学校法语本科专业建设和人才培养提供指引，并为法语本科专业的准入、建设和评估提供参考。希望各高等学校坚持把立德树人作为根本任务，根据自身优势与特色，明确培养目标，完善培养模式，优化课程体系，提升教学水平，培养复合型法语专业人才，为实现中华民族伟大复兴做出新的更大贡献。

目　录

普通高等学校本科法语专业教学指南

1. 概述

为了促进高等学校法语专业本科教育教学改革，提高人才培养质量，根据《国标》，制订本《普通高等学校本科法语专业教学指南》（以下简称"《指南》"）。

法语专业是外语类专业的重要组成部分，学科基础包括语言学、法语文学、翻译学、国别与区域研究、比较文学与跨文化研究等。本专业的学习和研究对象主要包括法语语言、法语文学、翻译、法国与法语国家和地区及跨文化交际等相关专业理论与实践。法语专业可与其他相关专业结合，形成复合型专业或方向，也可以建立双学位或主辅修机制。

本《指南》是法语本科专业的准入、建设和评价的依据。各高校法语专业应根据本《指南》制订适应国家经济社会发展需要、体现本校定位和办学特色的培养方案。

2. 适用专业范围

本《指南》适用于法语专业。

专业代码为 050204。

3. 培养目标

法语专业旨在培养具有良好的综合素质、扎实的法语基本功和专业知识与能力，掌握相关专业知识，适应我国对外交流、国家与地方经济社会发展、各类涉外行业、法语教育与学术研究需要的法语专业人才和复合型法语人才。

各高校应根据自身办学实际和人才培养定位，参照上述要求，制订合理的培养目标。培养目标应保持相对稳定，但同时应根据社会、经济和文化的发展需要，适时进行调整和完善。

4. 培养规格

4.1 素质要求

法语专业学生应具有正确的世界观、人生观和价值观，良好的道德品质，中国情怀与国际视野、社会责任感、人文与学科素养、合作精神、创新精神以及学科基本素养。

4.2 知识要求

法语专业学生应掌握法语语言知识、法语文学知识、法国与法语国家和地区知识，熟悉中国语言文化知识，了解相关专业知识及人文社会科学与自然科学基础知识，形成跨学科知识结构，体现本专业特色。

4.3 能力要求

法语专业学生应具备法语运用能力、文学赏析能力、跨文化能力、思辨与创新能力、自主学习能力、实践能力、信息技术应用能力，以及一定的学术研究能力。

5. 学制、学分与学位

法语专业本科学制一般为 4 年，各校根据实际情况可允许学生在 3～6 年内完成学业；总学分为 150～180 学分；对于符合本专业培养方案要求的学生，颁发法语本科毕业证书，并授予文学学士学位。

6. 课程体系

6.1 总体框架

法语专业根据培养目标和培养规格设计课程体系。课程体系包括公共基础类课程、专业核心课程、专业方向课程、实践教学环节和毕业论文五个部分。

课程设置应处理好通识教育与专业教育、语言技能训练与专业知识教学、必修课程与选修课程、法语专业课程和相关专业课程、课程教学与实践教学的关系，突出能力培养和专业知识建构，特别应突出跨文化能力、思辨能力和创新能力培养，并根据经济社会发展需要建立动态课程调整机制。

课程总学分为 150～180 学分，总学时为 2 400～2 900 学时。各高校法语专业应根据本校的办学定位和培养目标，确定课程体系各部分之间的合理比例。

6.2 课程结构

6.2.1 公共基础类课程

公共基础类课程分为公共必修课程和通识选修课程两类。

公共必修课程一般包括思想政治理论、信息技术、体育与健康、军事理论与训练、创新创业教育、第二外语等课程。

通识选修课程一般包括提升学生知识素养、道德品质与身心素质的人文与社会科学和自然科学课程。各高校法语专业应根据培养规格，有计划地充分利用学校通识教育课程资源，帮助学生搭建合理的知识结构。

6.2.2 专业核心课程

专业核心课程分为法语技能课程和专业知识课程，主要包括：基础法语、高级法语、法语视听说、法语口语、法语听力、法语阅读、法语写作、法语语法、法国与法语国家和地区概况、法语文学概论、翻译基础理论与实践、语言学导论等。各高校法语专业可根据实际情况增加和调整专业核心课程。

专业核心课程应占专业总课时的 50% 以上。

6.2.3 专业方向课程

专业方向课程主要包括语言学、文学、国别与区域研究、翻译学和跨文化交际等方面的课程和特色课程，各高校法语专业可根据本校办学定位和培养目标将部分课程设置为必修课或选修课。

语言学方向主要包括以下基础课程：法语语音、法语词汇、法语系统语法、法语文体与修辞等。

文学方向主要包括以下基础课程：法国文学、法语国家与地区文学等。

国别与区域研究方向主要包括以下基础课程：法国社会与文化、法语国家与地区社会与文化等。

翻译学方向主要包括以下基础课程：翻译概论、法汉互译、翻译赏析等。

跨文化交际方向主要包括以下基础课程：跨文化概论、中西文化比较研究、中法文化互鉴共赏等。

特色方向课程，如商务法语、法律法语、旅游法语、科技法语等，由各高校法语专业根据本校学科定位和培养目标自主设置。

6.2.4 实践教学环节

实践教学环节旨在促进学生的全面发展，主要包括专业实习、创新创业实践、社会实践、国际交流。

专业实习旨在培养学生运用专业知识和技能解决实际问题的能力。各高校法语专业应根据培养方案制订实习计划，确保有明确的目标和要求、详细的内容和步骤、专业的指导和考查。

创新创业实践旨在培养学生解决问题的能力和创新创业能力。各高校法语专业应制订科学合理的创新创业实践计划，开展学科竞赛、学习兴趣小组、学术社团、创新创业项目等实践活动。

社会实践旨在帮助学生了解民情和国情，增强社会责任感。各高校法语专业应围绕人才培养目标和社会需求制订社会实践计划，开展社会调查、志愿服务、公益活动、勤工助学、支教等社会实践活动。

国际交流活动旨在拓展学生的国际视野，提升跨文化能力。各高校法语专业应根据人才培养目标、办学特色和自身条件，有计划地开展短期留学、联合培养等形式多样的国际交流活动。

6.2.5 毕业论文

毕业论文旨在培养和检验学生发现、研究和解决问题的能力和创新能力。论文选题应符合法语专业培养目标与培养规格，内容与法语、法语国家和地区密切相关，有一定的创新价值与实际意义；形式可包括学术论文、翻译与评析、实践报告、调研报告等，写作符合学术规范。毕业论文一般用法语撰写，除附件外，主体长度为 4 000 ~ 5 000 单词；翻译与评析一般为法译汉，译文长度不少于 8 000 字，评析用法语撰写，篇幅不少于 2 000 词。

各高校法语专业应根据各自的实际情况设定毕业论文撰写资格，并制订毕业论文选题、开题、写作、指导和答辩等相关规定，明确指导教师职责、毕业论文写作过程和质量规范，指导过程应以适当形式记录。

7. 教学计划（参考）

7.1 公共基础类课程

公共基础类课程开课计划表

课程类别		课程名称	总学时	学时分配		学分数	开课学期	周学时	备注
				讲授	实践（验）				
公共基础类课程	必修课程	按国家相关要求开设（含第二外语）							30 学分
	选修课程	学校可根据自身人才培养实际需要开设							15 学分

7.2 专业核心课程

专业核心课程开课计划表

课程类别		课程名称	总学时	课时分配		学分数	开课学期	周学时	备注
				讲授	实践（验）				
专业核心课程	必修课程	基础法语精读 1	216			6	1	12	课时分配栏中的讲授和实践（验）课时各校根据实际情况自行安排。
		基础法语口语 1	36			2	1	2	
		基础法语听力 1	36			2	1	2	
		基础法语精读 2	252			8	2	14	
		基础法语口语 2	36			2	2	2	
		基础法语听力 2	36			2	2	2	
		基础法语精读 3	144			8	3	8	
		基础法语口语 3	36			2	3	2	
		基础法语听力 3	36			2	3	2	
		法语阅读 1	36			2	3	2	
		基础法语精读 4	144			8	4	8	
		基础法语口语 4	36			2	4	2	
		基础法语听力 4	36			2	4	2	
		法语阅读 2	36			2	4	2	
		高级法语精读 1	72			4	5	4	
		法语视听说 1	36			2	5	2	
		法语语法 1	18			1	5	1	
		法汉笔译 1	18			1	5	1	
		汉法笔译 1	18			1	5	1	
		高级法语精读 2	72			4	6	4	
		法语视听说 2	36			2	6	2	

（续表）

课程类别		课程名称	总学时	课时分配		学分数	开课学期	周学时	备注
				讲授	实践（验）				
专业核心课程	必修课程	法语语法 2	18			1	6	1	课时分配栏中的讲授和实践（验）课时各校根据实际情况自行安排。
		法汉笔译 2	18			1	6	1	
		汉法笔译 2	18			1	6	1	
		法语写作	18			1	6	1	
		高级法语精读 3	18			1	7	1	
		法语学术论文写作	36			2	7	2	
		法语应用文写作	36			2	7	2	
		法汉 / 汉法口译 1	36			2	7	2	
		高级法语精读 4	18			1	8	1	
		法汉 / 汉法口译 2	18			1	8	1	
		……							

7.3 专业方向课程

专业方向课程开课计划表

课程类别		课程名称	总学时	学时分配		学分数	开课学期	周学时	备注
				讲授	实践（验）				
语言学方向课程	必修 / 选修	语言学概论 *	36			2	6	2	
		法语系统语法 *	36			2	5	2	
		法语语音	36			2	1	2	
		法语词汇	36			2	5	2	
		法语文体与修辞	36			2	7	2	
		……							

（续表）

课程类别		课程名称	总学时	学时分配		学分数	开课学期	周学时	备注
				讲授	实践（验）				
文学方向课程	必修/选修	法语文学选读 *	36			2	4	2	1. 完整修读 1 个方向。该方向修读 4 学分，其他方向选修 2 学分。其中标注 * 课程为必修课程。 2. 课时分配栏中的讲授和实践（验）课时各校根据实际情况自行安排。
		法国古典文学 *	36			2	5	2	
		法国文学史	36			2	6	2	
		法语国家文学	36			2	5	2	
		中法文学比较	36			2	6	2	
		……							
跨文化方向课程	必修/选修	跨文化概论 *	36			2	5	2	
		中法文化互鉴共赏 *	36			2	6	2	
		中西文化比较	36			2	7	2	
		法国文化史	36			2	5	2	
		中法人文交流研究专题	36			2	8	2	
		……							
翻译方向课程	必修/选修	翻译概论 *	36			2	4	2	
		翻译赏析 *	36			2	5	2	
		汉译法专题笔译	36			2	6	2	
		法译汉专题笔译	36			2	5	2	
		法语专题口译	36			2	7	2	
		……							
国别与区域研究方向课程	必修/选修	法国社会与文化 *	36			2	4	2	
		中法关系史 *	36			2	5	2	
		法语国家与地区概况	36			2	6	2	
		欧洲问题导读	36			2	5	2	
		欧盟研究	36			2	6	2	
		……							

（续表）

课程类别		课程名称	总学时	学时分配		学分数	开课学期	周学时	备注
				讲授	实践（验）				
		说明：该专业方向课程也可以针对某一个国家开设，如法国社会文化、法国历史、法国政治、法国经济、法国外交等。							

除以上专业方向课程以外，各高等学校可根据实际情况开设特色方向课程。

7.4 实践教学环节

实践教学环节开课计划表

课程类别		课程名称	总学时	学时分配		学分数	开课学期	周学时	备注
				讲授	实践（验）				
实践教学环节	专业实习	专业实习				8	6–8		
		口译实训				2	7–8		
		笔译实训				2	7–8		
		教学实践				2	7–8		
		……							
	创新创业实践	学科竞赛				1	3–8		
		创新项目				1	3–8		
		学术社团				1	3–8		
		学习兴趣小组				1	3–8		
		……							
	社会实践	社会调查				1	3–8		
		志愿服务				1	3–8		
		勤工助学				1	3–8		
		支教活动				1	3–8		
		……							

（续表）

课程类别		课程名称	总学时	学时分配		学分数	开课学期	周学时	备注
				讲授	实践（验）				
实践教学环节	国际交流	出国（境）学习				1	3-8		
		参加涉外活动				1	3-8		
		……							
	毕业论文（设计）	学术论文	10周			5	8		
		翻译与评析							
		实践报告							
		调研报告							
		……							

8. 教师队伍

8.1 师资结构

法语专业应具备一支合格的专任教师队伍，形成教研团队。各高校法语专业专任教师应不少于 6 人（其中 35～55 岁专任教师、专业核心课专任教师均不少于 3 人），生师比不高于 18:1；教师的年龄结构、学缘结构、职称结构应合理，具有硕士及以上学位的教师比例不低于 60%，具有博士学位的教师比例不低于 20%，具有副教授以上（含）高级职称的教师比例原则上不低于 35%。

另可聘请一定数量的外籍教师和兼职教师，兼职教师比例不高于教师总数的 20%。

8.2 教师素质

法语专业教师应贯彻执行党和国家的教育方针和政策，爱岗敬业、为人师表、立德树人、严谨治学。

法语专业教师应：（1）符合《中华人民共和国教师法》《中华人民共和国高等教育法》规定的资格和条件，履行相关义务；（2）具有外国语言文学类学科或相关学科研究生学历；（3）具有丰厚的专业知识，熟悉外语教学的理论和方法，对教育学、心理学等相关学科知识有一定了解；（4）具有扎实的法语基本功、教学设计与实施能力、课堂组织与管理能力、现代教育技术和教学手段的应用能力，以及教学反思和改革能力；（5）具有明确的学术研究方向和研究能力。

8.3 教师发展

各高校法语专业应具有科学的教师发展规划和相应的保障制度，教师也应树立终身学习的观念，制订切实可行的个人发展计划，通过国内外进修与学术交流等方式，不断更新教育理念，优化知识结构，提高专业理论水平、教学和科研能力。

9. 教学条件

9.1 教学设施

教学场地和实践场所在数量和功能上能满足教学需要，并配备专职人员对教学设施进行日常管理和维护。生均教学用房面积不少于 9 平方米，生均教学科研仪器设备价值不低于 3 000 元，多媒体教室等应符合国家教育部对本科专业设置的要求。

9.2 信息资源

图书资料能够满足学生的学习和教师的教学与科研所需；管理规范，共享程度高；生均图书不低于 100 册，并有一定比例的法语图书和报刊；生均年进书量不低于 4 册。

拥有本专业相关的电子资源，拥有覆盖学习及生活场所的网络系统，具备开发和运行网络课程的基础条件。

9.3 实践教学

各高校应具有满足人才培养需要的相对稳定的实践教学条件，应根据专业特点和需要建设专业实验室、校内外实践教学基地等。实践教学基地的数量不少于 2 个。

9.4 教学经费

教学和科研经费有保障，生均年教学日常支出不少于 1 000 元，总量能满足教学需要。符合教育部对本科专业设置的要求，并根据不同地区不同类型学校的实际情况，合理提高教学经费的投入。

10. 质量管理

10.1 教学与评价

10.1.1 教学要求

教学应：① 遵循法语专业教学大纲；② 融合语言学习与知识学习，以能力培养为导向，重视语言运用能力、跨文化能力、思辨能力和自主学习能力的培养；③ 因材施教，根据教学目标和内容选择合适的教学方法，重视启发式、讨论式和参与式教学方法的使用，促进学生的全面发展和个性发展；④ 合理使用现代教育技术，注重教学效果。

10.1.2 评价要求

以促进学生学习为目的，根据培养方案确定评价内容和标准，选择科学的评价方式方法，合理使用评价结果，及时提供反馈信息，不断调整和改进教学。评价应注重过程性评价与终结性评价相结合。

10.2 质量保障体系

10.2.1 教学质量监控机制要求

各高校法语专业应建立教学质量监控机制，对各教学环节有明确的质量要求，对课程设置和教学质量定期进行评价。

10.2.2 毕业生跟踪反馈机制要求

各高校法语专业应建立对毕业生的跟踪反馈机制以及社会评价机制，科学、系统地统计用人单位和社会反馈的数据，对培养方案是否有效达到培养目标进行定期评价。

10.2.3 持续改进机制要求

各高校法语专业应建立完善的持续改进机制，确保教学质量监控结果、毕业生跟踪反馈结果和社会评价结果及时用于对专业的持续改进。

11. 术语与释义

（1）法语运用能力

学生应能理解法语口语和书面语传递的信息、观点、情感；能使用法语口语和书面语有效地传递信息，表达思想、情感，再现生活经验；能借助工具书和相关资源进行法汉互译工作；能运用语言学基础理论和基本方法对语言现象进行思考和分析。

（2）文学赏析能力

学生应能理解法语文学作品的主要内容、主题思想；能欣赏作者的创作风格、创作技巧和语言艺术；能运用文学基础理论和基本方法对文学作品进行评价。

（3）跨文化能力

学生应能通过专业学习认识世界的多样性，以开放的态度对待多元文化现象；能敏锐觉察、合理诠释文化差异；能运用适当策略完成跨文化交际任务；能帮助不同文化背景的人士进行有效的跨文化沟通。

（4）思辨与创新能力

学生应能对概念、论据、方法、标准、背景等要素进行阐释、分析、评价、推理与解释；能综合运用已有知识和经验提出见解、探索方法、解决问题。

（5）自主学习能力

学生应能对学习进行自我规划、自我监管、自我评价、自我调节；能组织、配合他人开展学习活动；能及时总结、善于借鉴有效学习策略改进学习方法；能利用现代信息技术手段进行学习。

（6）实践能力

学生应能拓展所学知识以获取新知识、新技能，完善知识结构；能运用所学的理论、知识、技能解决实际问题；能通过实践活动学会与他人沟通、合作。

附录：核心课程描述

（1）基础法语

法语名称： Français élémentaire

教学目标： 本课程通过系统性的课堂教学与训练，让学生全面掌握法语的基础语法知识点和基本词汇，掌握听、说、读、写等基本语言技能，并初步形成跨文化交际能力，能够在日常生活场景用法语进行口头和书面的交际沟通，能够在非专业领域用法语描述事实、表达观点并进行讨论，为学生进入高年级的专业学习打下扎实的语言基础。

教学内容： 本课程所教授的语言知识包括法语发音规则、法语单词拼写规则、法语基本句型及其运用、法语各词类语法规则与用法、法语各时态与语态的语法规则与用法、法语主动态被动态的语法规则与用法、法语主从复合句的类型与用法等基本语法。本课程侧重于将语法知识的传授融入对语言技能的训练中，循序渐进地让学生掌握各种生活场景及工作学习实践中的基本交际内容，其中包括口语和书面语的常用词汇、习惯用语和话语表达规范等。本课程以集中训练的方式，让学生最终具备完成各种语言交际任务所必需的词汇量、听力理解能力、阅读理解能力、口头和书面表达能力。本课程在训练语言技能的同时也适当讲授与之密切相关的跨文化交际常识、法语国家的国情与人际交往习俗及其文化背景，培养学生的跨文化沟通能力。

（2）高级法语

法语名称： Français avancé

教学目标： 本课程旨在基础法语课的基础上继续提高学生综合运用法语语言知识和技能的能力，使学生具备扎实的语言基本功和较强的语言交际能力。通过课程学习，学生应能熟知各种词类及其语法形式，熟练掌握构词法以及主要句型和句法结构的用法，识别不同文体语体，熟练使用各类句与句和段与段的语言衔接手段，掌握常用修辞手法、不同文体的写作技巧以及复合句难句的转换、释义和翻译方法；运用所学知识和技能进行批判性思考，并结合现实生活中的实际问题或热点话题展开讨论，表达观点，培养思辨能力。

教学内容： 本课程按题材主题组织教学单元，教学内容融语言、文学、翻译和文化知识于一体，通过语言交际任务促进听、说、读、写、译技能的综合运用和全面发展。语言知识教学部分包括词汇、句法、语篇等进行专项训练，同时强调整体系统性；文学与文化知识教学凸显学科的人文特色，用经典题材透视法语国家的历史和文化，用热门话题反映现代社会的文明与进步。

（3）法语视听说

法语名称： Français audio-visuel

教学目标： 本课程旨在培养学生理解音、视频法语并就相关内容进行口头表达的能力。通过课程学习，学生应能正确辨别标准法语及其常见变体的语音和语调；分辨要义与细节，推断隐含意义，概括主旨大意；快速记录要点并拟列提纲；对视听内容进行转述、复述、概述和评价；围绕单元主题就视听内容展开讨论，并对讨论结果进行口头总结和汇报。

教学内容： 本课程主要包括视听理解与口头表达策略、语言知识及相关社会文化知识和语言运用与批判性思维能力三个方面的教学内容，要求突出阶段针对性、难度层级性和整体系统性，同时兼顾知识性、趣味性和思想教育意义。视听材料与学生的学习生活和社会生活密切相关，主题广泛、素材丰富、难易有序。主题按单元进行组织，主要涉及个人及人生经历、社会与文化生活、教育和科技发展等学生熟悉的话题；素材一般为标准语速日常口语材料，包括情景对话、专题讲话、演讲辩论、电视电台节目和电影片段等语言材料。

（4）法语口语

法语名称： Expression orale en français

教学目标： 本课程旨在培养学生运用法语进行口头表达与交际的能力。通过课程学习，学生应能掌握标准法语的语音和语调，并能适应常见法语变体的发音；掌握口头交际所需要的功能性语言，并逐步养成用法语思维的习惯；使用口头交际策略促进语言沟通和跨文化交际；就特定话题进行自由表达和讨论，并具有较强的批判性思维能力。

教学内容： 本课程按语言功能组织口语训练教学任务，融合法语语言知识、社会文化知识、口头交际策略，构建话题丰富、形式多样、实用有效、循序渐进且系统性强的法语口语训练内容体系。课程教学内容侧重语音语调、句型句式、功能性语言、跨文化交际等方面的训练，注重培养学生的法语思维能力、连贯表达能力和跨文化交际能力。

（5）法语听力

法语名称： Compréhension orale en français

教学目标： 本课程旨在培养学生理解音频法语的能力。通过课程学习，学生应能正确辨别标准法语及其常见变体的语音和语调；分辨要义与细节，推断隐含意义，概括主旨大意；快速记录要点并拟列提纲；对视听内容进行转述、复述、概述和评价。

教学内容： 本课程主要包括听力理解、语言知识及相关社会文化知识和语言运用与批判性思维能力三个方面的教学内容，要求突出阶段针对性、难度层级性和整体系统性，同时兼顾知识性、趣味性和思想教育意义。听力材料与学生的学习生活和社会生活密切相关，主题广泛、素材丰富、难易有序。主题按单元进行组织，主要涉及个人及人生经历、社会与文化生活、教育和科技发展等学生熟悉的话题；素材一般为标准语速日常口语材料，包括情景对话、专题讲话、演讲辩论等语言材料。

（6）法语阅读

法语名称： Compréhension écrite en français

教学目标： 本课程旨在培养学生阅读理解法语文本并进行批判性思维的能力。通过课程学习，学生应能熟练掌握法语语言基础知识并具有一定的法语国家社会文化知识；熟练运用常用法语阅读策略；分辨事实和观点；根据上下文推断生词词义和隐含意义；归纳概括段落大意和篇章主旨；对篇章的文体、语体、结构、修辞、写作手法等进行分析；对作者的情感、态度、意图进行分析和评价；对相同或相关主题的不同篇章进行对比分析。

教学内容： 本课程主要围绕策略训练、知识学习和能力培养三个方面组织教学内容。策略方面主要训练略读、寻读、细读、评读等阅读理解技巧和方法；知识内容主要包括词汇、句法和篇章方面的法语语言知识以及与阅读语篇相关的社会文化背景知识；能力培养主要包括文本语言理解、篇章结构分析以及逻辑思辨与批判性思维等方面的内容。教学内容按主题组织单元，主题广泛涉及社会、文化、教育、科技、经贸等不同领域。

（7）法语写作

法语名称： Expression écrite en français

教学目标： 本课程旨在培养学生使用法语进行书面表达的能力。通过课程学习，学生应熟练掌握法语写作的基础知识和基本技能，进行多种体裁短文的写作；了解学术写作的基本规范和方法，并能独立撰写小型课题研究报告及论文；养成良好的写作习惯，具有一定的批判性写作能力。

教学内容：本课程主要包括写作知识、写作策略和写作能力三个方面的教学内容。写作知识主要包括选词组句、标点使用、篇章结构、文体特点、文章修改等方面的知识；写作策略方面强调句型运用、段落组织、篇章布局、范文模仿等写作技能和方法；写作能力培养主要包括立意构思、观点论证、修改评阅以及批判性思维的能力。教学内容按任务难度分依次进行句段写作、多体裁写作和初级学术写作教学。写作话题循序渐进，从人物场景、家庭生活、校园活动向科技发明、人生哲理、社会问题推进，注重人文性、科学性和思想性的有机结合，着力提高学生分析问题、逻辑思辨和有效表达的能力。

（8）法语语法

法语名称：Grammaire française

教学目标：本课程旨在帮助学生熟练掌握法语语法知识，提高法语语法知识的综合运用能力。通过课程学习，学生应能熟练掌握法语词法、句法和篇章的基本知识，并能对词、句、篇的语法特征进行分析；综合运用所学的语法知识顺利完成说、听、读、写、译交际任务。

教学内容：本课程按语法项目组织教学单元，主要包括词法、句法和语篇三个方面的内容。词法部分主要探讨词类和词组的特征和功能，关注名词、冠词、代词、动词、形容词、副词、介词等主要词类及其用法，尤其是各类代词的用法、动词的语式和时态的用法。句法部分主要讲解基本句型和特征结构的特点，主要项目包括简单句和复合句（各类关系从句、连词 que 引导的补语从句、直接引语和间接引语等），以及原因、后果、目的、时间、对立和让步、条件和假设、比较等表达法；语篇部分重点介绍连句成篇的衔接手段，主要包括时间、因果、方位等逻辑衔接手段，省略、替代、照应等语法衔接手段和同义词、反义词、词汇重复等词汇衔接手段。

（9）法汉 / 汉法笔译

法语名称：Version/Thème

教学目标： 本课程旨在培养学生运用翻译理论和方法进行法汉／汉法笔译的能力。通过本课程学习，学生应能掌握翻译的主要理论、方法和质量标准；了解法汉两种语言的篇章特点和文化差异；翻译有一定难度的法汉语报刊、杂志、书籍中的文章，及节录的小说、散文、戏剧等文学原著；独立承担一般用人单位的法汉／汉法笔译任务。

教学内容： 本课程主要包括翻译理论学习和翻译实践能力培养两个方面的内容。前者包括中西翻译理论和实践发展简史、中西主要翻译流派及其基本思想和翻译方法等；后者重在通过示例分析和笔译实训，让学生根据翻译的标准以及法汉两种语言在词汇、句法、篇章及社会文化等方面的异同，熟练运用各种翻译方法和策略。翻译素材兼顾知识性、趣味性和思想性，一般选取正式的文学、科技、旅游、新闻、广告、商务、说明书等类型的文本。

（10）法汉／汉法口译

法语名称： Traduction orale français-chinois/chinois-français

教学目标： 本课程旨在培养学生的法汉和汉法口头翻译能力。通过课程学习，学生应能熟练掌握口译的基础理论和常用的口译策略与技巧；具有扎实的语言文化知识和流利的语言表达能力；具有良好的记忆能力、逻辑思维能力和临场应变能力；养成关心时事的习惯，能就热门话题或专题进行口头介绍和阐释；胜任接待外宾、导游、一般性会议、商务洽谈等日常口译任务。

教学内容： 本课程按篇章专题和口译策略组织教学单元，每个单元包括口译策略训练和篇章口译实践两个部分。口译策略训练的主要内容包括听辨、记忆、速记、转述等常用口译策略，以及主旨口译、数字口译等专题口译技巧的讲解与示范。篇章口译部分主要训练口译策略与技巧在篇章口译中的实践应用，篇章题材广泛，以政治、经济、文化、体育等领域的专题为主，兼顾礼仪、祝词、会议、访谈、演讲等专项内容，同时还应结合时事适量补充热门话题的篇章口译内容。

后记

　　研究制订普通高等学校本科专业类教学质量国家标准，推进国家教育标准体系建设是教育部近年来的重大改革措施之一。自 2013 年启动以来，历时 5 年，教育部高等学校外国语言文学类专业教学指导委员会完成了《国标》的编制工作。它的正式颁布，对新时代的外语教育必将产生深远影响。

　　《国标》颁布后，为了给各院校各专业的办学实践提供具体指导，各专业教学指导委员会纷纷组织力量依据新《国标》编写内容更为详尽、操作性更强的教学指南，以进一步推动《国标》精神落地生根。因此，教学指南是继《国标》之后的又一项顶层设计任务，意义重大。

　　按照教育部"质量为王、标准先行，标准为先、使用为要"的工作方针，法语分指委在参与制订《国标》的同时，启动了《指南》的论证与编写工作。新一届法语分指委（2018～2022 年）成立后，经过反复研讨和多次修改，最终按时完成了《指南》的研制。在研制过程中，法语分指委坚持立德树人为本，注重专业内涵建设，标准设计上周全考虑，语言表述上字斟句酌，关键指标上反复推敲，致力推动法语本科专业建设。2019 年 3 月和 8 月，新一届法语分指委先后两次召开全体委员会议，对《指南》进行了两轮审议，最终形成了本《指南》。它为我国法语专业按照《国标》开展专业建设提供了参考，在完善人才培养方案、深化教学改革、优化课程设置、更新教学内容等方面为各院校提供了较为详细的指导性建议。

　　本《指南》的出台，离不开教育部等上级主管部门的关心和指导，离不开相关院校的倾力支持和通力合作，外语教学与研究出版社、上海外语教育出版社和高等教育出版社也给予了大力支持。在此，一并表示诚挚的感谢！

普通高等学校
本科阿拉伯语专业教学指南

教育部高等学校外国语言文学类专业教学指导委员会

阿拉伯语专业教学指导分委员会

编著

前　言

　　阿拉伯语是中国最古老的专业外语语种之一，是中阿商贸往来、文化交流的重要桥梁，为推动中阿文明交流发挥着举足轻重的作用。新中国成立后，我国部分高校先后开设阿拉伯语专业，为国家外交、经贸、文化等领域培养了一大批杰出人才。改革开放后，特别是党的十八大以来，面对时代潮流与国际大势，习近平总书记提出"一带一路"倡议，将我国的发展与沿线国家发展相结合。阿拉伯国家身处"一带一路"交汇处，是共建"一带一路"的天然合作伙伴。在此背景下，我国对阿拉伯语人才需求越来越大，质量要求越来越高，这就要求国内高校阿拉伯语专业加快转型与改革，实现以下目标：

　　第一，筑牢民族复兴的基础工程，努力培养中国特色社会主义建设者和接班人。"教育兴则国家兴，教育强则国家强。高等教育是一个国家发展水平和发展潜力的重要标志。"作为高等教育的重要组成部分，阿拉伯语专业改革工作应以更高的历史站位、更宽广的国际视野，办好人民满意的阿拉伯语专业教育，培养有理想、有本领、有担当的阿拉伯语专业人才，将学生的自身发展与国家需求紧密结合，将个人梦想与实现中华民族伟大复兴的中国梦相结合。

　　第二，做好服务国家战略的重要抓手，坚持推进"一带一路"走深走实。习总书记指出，放眼世界，我们面对的是百年未有之大变局。新世纪以来，一大批新兴市场国家和发展中国家快速发展，世界多极化加速发展，国际格局日趋均衡，国际潮流大势不可逆转。新时代、新形势下的阿拉伯语人才培养应以国家战略需求为导向，以服务"一带一路"走深走实为目标，为国家建设发展提供智力保障。

　　第三，走出传统教学的"舒适区"，推动新文科建设。新文科是新时代赋予高校教育的新使命。阿拉伯语专业作为外国语言文学一级学科的重要组成部分，应打破专业壁垒，推动新课程体系建设，加强多学科协同，推进建设具有综合性、跨学科、融通性特征的新文科。

2018 年 1 月，教育部颁布《普通高等学校本科专业类教学质量国家标准（外国语言文学类）》（以下简称"《国标》"）。对标《国标》，结合我国高校阿拉伯语专业教育发展现状与需求，与来自全国 50 多所开设阿拉伯语专业高校的专家学者共同研制《普通高等学校本科阿拉伯语专业教学指南》（以下简称"《指南》"），《指南》呈现出以下特征：

第一，创新培养方式，激发学生学习阿拉伯语的兴趣与潜能。培养什么人，是教育的首要问题。《指南》更加强调"以学生为中心"，通过制订培养目标、培养规格，改革课程体系、教学要求等，落实扩大高校办学自主权，强化实践，发挥学生主观能动性，推动阿拉伯语专业从"教得好"向"学得好"转变。

第二，强调多元化、复合化，服务国家发展战略需求。《指南》更强调主动对接国家经济社会发展现状，坚持需求导向，调整课程设置，增设国别和区域研究、计算机辅助翻译等课程，要求提高学生分析、解决现实问题的思辨能力，推进产学研协同创新。

第三，改革教学评价体系，探索中国特色现代高等教育评估制度。《指南》坚决克服唯分数、唯论文的顽瘴痼疾，在评估体制机制、评估理念、评估标准、评估技术和方法上进行改革，更加适应国家发展需求、高等教育发展节奏，科学合理地促进教学质量提升，探索彰显具有中国特色、中国风格、中国气派的新文科评估制度。

百年大计，教育为本。《指南》对阿拉伯语专业的培养方式、课程设置、评估体系等方面做了更加详细的阐释，彰显时代特色与国家需求，旨在成为新形势下我国高校阿拉伯语专业发展的重要遵循与指南，为我国加快一流大学和一流学科建设贡献力量。

目　录

普通高等学校本科阿拉伯语专业教学指南

1. 概述

为了促进高等学校阿拉伯语专业教育教学改革，提高人才培养质量，根据《国标》，制订本《普通高等学校本科阿拉伯语专业教学指南》（以下简称"《指南》"）。

阿拉伯语专业是全国高等学校人文与社会科学学科的重要组成部分，隶属于外国语言文学学科。学科基础包括语言学、文学、翻译学、国别和区域研究、比较文学与跨文化研究等，具有跨学科特点。

本《指南》是阿拉伯语本科专业准入、建设和评价的依据。各高校应根据本《指南》制订适应社会发展需要、体现本校定位和办学特色的培养方案。

2. 适用专业范围

本《指南》适用于阿拉伯语专业。

专业代码为 050206。

3. 培养目标

阿拉伯语专业旨在培养具有良好的综合素质、扎实的阿拉伯语基本功和专业知识与能力，掌握相关专业知识，适应我国对外交流、国家与地方经济社会发展、各类涉外行业、阿拉伯语教育与学术研究需要的阿拉伯语专业人才和复合型阿拉伯语人才。

各高校应根据自身办学实际和人才培养定位，参照上述要求，制订合理的培养目标。培养目标应保持相对稳定，但同时应根据社会、经济和文化的发展需要，适时进行调整和完善。

4. 培养规格

4.1 素质要求

阿拉伯语专业学生应具有正确的世界观、人生观和价值观，良好的道德品质，中国情怀与国际视野，社会责任感，人文与科学素养，合作精神，创新精神以及学科基本素养。

4.2 知识要求

阿拉伯语专业学生应掌握阿拉伯语语言知识、阿拉伯文学知识、阿拉伯国家国情知识，同时应熟悉中国语言文化知识，了解相关专业知识以及人文社会科学与自然科学基础知识，形成跨学科知识结构，体现本专业特色。

4.3 能力要求

阿拉伯语专业学生应具备阿拉伯语运用能力、文学赏析能力、跨文化能力、思辨能力，以及一定的研究能力、创新能力、信息技术应用能力、自主学习能力和实践能力。

5. 学制、学分与学位

阿拉伯语专业本科学制一般为 4 年，各高校可根据实际情况实行弹性学制，允许学生在 3～6 年内完成学业。阿拉伯语专业本科学位为文学学士学位，对按规定修满学分并符合培养方案要求的学生，授予文学学士学位。

6. 课程体系

6.1 总体框架

阿拉伯语专业根据培养目标和培养规格设计课程体系。课程体系包括公共基础类课程、专业核心课程、专业方向课程、实践教学环节和毕业论文五个部分。

课程设置应处理好通识教育与专业教育、语言技能训练与专业知识教学、必修课程与选修课程、阿拉伯语专业课程和相关专业课程、课程教学与实践教学的关系，突出能力培养和专业知识建构，特别应突出跨文化能力、思辨能力和创新能力培养，并根据经济社会发展需要建立动态课程调整机制。

阿拉伯语专业课程总学分为 150~180 学分，各高校阿拉伯语专业应根据本校的办学定位和培养目标，确定课程体系各部分之间的合理比例。

6.2 课程结构

6.2.1 公共基础类课程

公共基础类课程包括公共必修课程和通识选修课程。

公共必修课程一般包括思想政治理论、信息技术、体育与健康、军事理论与训练、创新创业教育、第二外语等课程。

通识选修课程一般包括提升学生知识素养、道德品质与身心素质的人文社会科学和自然科学课程。各高校应根据培养规格，有计划地充分利用学校通识教育课程资源，帮助学生构建合理的知识结构。

6.2.2 专业核心课程

阿拉伯语专业核心课程分为阿拉伯语技能课程和专业知识课程。专业核心课程的课时应占专业总课时的 50%~85%。阿拉伯语技能课程包括听、说、读、写、译等方面的课程。专业知识课程包括阿拉伯文学、阿拉伯语语言学、比较文学与跨文化研究、翻译学、国别和区域研究的基础课程，以及论文写作与基本研究方法课程。

阿拉伯语专业核心课程：基础阿拉伯语、阿拉伯语口语、阿拉伯语视听、阿拉伯语阅读、阿拉伯语写作、高级阿拉伯语、阿拉伯国家国情、学术论文写作、阿拉伯简史及培养方向课程中的主要课程。

6.2.3 专业方向课程

阿拉伯语专业方向课程包括文学方向、语言学方向、比较文学与跨文化研究方向、翻译学方向、国别和区域研究方向五个模块课程，可分为必修课程和选修课程。各高校可根据自己的培养目标和培养规格自主设置培养方向课程。

文学方向课程：阿拉伯文学史、文学理论导读、当代阿拉伯文学、阿汉文学翻译研究、阿拉伯经典文学作品选读等。

语言学方向课程：阿拉伯语语法、阿拉伯语词法、阿拉伯语语言学概论、汉阿语言对比入门、阿拉伯语方言入门等。

比较文学与跨文化方向课程：比较文学概论、中阿文学比较、中阿文化交流、阿拉伯文化、中国国情与文化（阿语开设）等。

翻译学方向课程：阿拉伯语翻译理论与实践、初级口译、高级口译、汉-阿笔译、阿-汉笔译等。

国别和区域研究方向课程：阿拉伯时事研读、中东热点问题、中阿关系史、阿拉伯国家政治外交、阿拉伯国家经济与中阿经贸往来等。

6.2.4 实践教学环节

实践教学环节旨在促进学生的全面发展，主要包括专业实习、创新创业实践、社会实践、国际交流。

专业实习旨在培养学生运用专业知识和技能解决实际问题的能力。各高校阿拉伯语专业应根据培养方案制订实习计划，确保有明确的目标和要求、详细的内容和步骤、专业的指导和考查。

创新创业实践旨在培养学生解决问题的能力和创新创业能力。各高校阿拉伯语专业应制订科学合理的创新创业实践计划，开展学科竞赛、学习兴趣小组、学术社团、创新创业项目等实践活动。

社会实践旨在帮助学生了解民情和国情，增强社会责任感。各高校阿拉伯语专业应围绕人才培养目标和社会需求制订社会实践计划，开展社会调查、志愿服务、公益活动、勤工助学、支教等社会实践活动。

国际交流活动旨在拓展学生的国际视野，提升跨文化能力。各高校阿拉伯语专业应根据人才培养目标、办学特色和自身条件，有计划地开展国际夏令营、短期留学、国内外联合培养等形式多样的国际交流活动。

6.2.5 毕业论文

毕业论文旨在培养和检验学生综合运用所学理论知识研究并解决问题的能力和创新能力。毕业论文选题应符合专业培养目标和培养规格，写作应符合学术规范，可采用学术论文（阿拉伯语不少于 4 000 词，论文提纲及论文概要采用阿汉双语）、翻译作品（所选翻译材料需经院或系学术委员会批准，阿拉伯语原文 4 000 词以上。除完成译文外，学生还需提交一篇汉语 1 000 字以上的翻译心得）、实践报告、调研报告等多种形式。除翻译作品外，原则上应使用阿拉伯语撰写。

各高校阿拉伯语专业应根据各自的实际情况设定毕业论文撰写资格，并制订毕业论文选题、开题、写作、指导和答辩等相关规定，明确指导教师职责、毕业论文写作过程和质量规范，指导过程应以适当形式记录。

7. 教学计划（参考）

7.1 公共基础类课程

公共基础类课程

课程类别		课程名称	总学时	学时分配		学分数	开课学期	周学时	备注
				课堂	实践				
公共基础类课程	必修课程	按国家相关要求开设（含第二外语）							40 学分
	选修课程	可根据本校的办学定位和培养目标开设							10 学分

7.2 专业核心课程

专业核心课程

课程类别		课程名称	开课学期和周学时								课堂学时	实践学时	总学时	学分
			一	二	三	四	五	六	七	八				
专业核心课程		基础阿拉伯语（1-4）	12	12	8	8					534	134	668	40
		阿拉伯语阅读（1-2）			2	2					51	17	68	4
		阿拉伯语视听（1-4）	2	2	2	2					54	80	134	8
		阿拉伯语口语（1-4）	2	2	2	2					54	80	134	8
		阿拉伯国家国情			2	2					54	14	68	4
		阿拉伯经典文学作品选读（1-2）					6	6			153	51	204	12
		阿拉伯外交文选							2		26	8	34	2
		中阿文化交流								2	14	4	18	2
		阿拉伯语写作（1-2）					2	2			51	17	68	4
		基础阿拉伯语翻译（1-2）					2	2			51	17	68	4
		高级阿拉伯语翻译							2		17	17	34	2

7.3 专业方向课程

专业方向课程

课程类别	课程名称	开课学期和周学时								课堂学时	实践学时	总学时	学分
		一	二	三	四	五	六	七	八				
专业方向课程	阿拉伯语导论					2				27	7	34	2
	阿拉伯语高级视听说（1–4）					2	2	2	2	48	72	120	8
	阿拉伯时事研读（1–2）						2	2		50	18	68	4
	阿拉伯经贸文选							2		25	9	34	2
	阿拉伯简史						2			27	7	34	2
	当代阿拉伯问题研究							2		27	7	34	2
	学术论文写作								2	14	4	18	2

8. 教师队伍

8.1 师资结构

阿拉伯语专业应有一支合格的专任教师队伍，形成教研团队。教师的年龄结构、学缘结构、职称结构应合理，专任教师应不少于 4 人，具有硕士以上学位的教师不低于 80%。生师比不高于 18:1，有条件的高校应聘请外籍教师。

8.2 教师素质

专任教师应：（1）符合《中华人民共和国教师法》《中华人民共和国高等教育法》规定的资格和条件，履行相关义务；（2）具有外国语言文学类学科或相关学科研究生学历；（3）具有丰富的专业知识，熟悉外语教学与学习的理论和方法，对教育学、心理学等相关学科知识有一定了解；（4）具有扎实的阿拉伯语基本功、教学设计与实施能力、课堂组织与管理能力、现代教育技术和教学手段的应用能力，以及教学反思和改革能力；（5）具有明确的学术研究方向和研究能力。

外籍教师的聘任应根据岗位需要，达到上述条款中所有适用标准。

8.3 教师发展

各高校应制订科学的教师发展规划与制度，通过学历教育、在岗培养、国内外进修与学术交流、行业实践等方式，使教师不断更新教育理念，优化知识结构，提高专业理论水平与教学和研究能力。

教师应树立终身发展的观念，制订切实可行的发展计划，不断提高教学水平和研究能力。

9. 教学条件

9.1 教学设施

教学场地和实践场所在数量和功能上应满足教学需要，并配备专职人员对教学设施进行日常管理和维护。根据国家教育部对本科专业设置的要求，生均教学行政用房面积一般不小于 9 平方米；生均教学科研仪器设备值不低于 3 000 元；每百名学生教学用计算机不少于 10 台，每百名学生多媒体教室和语音室座位数不少于 7 个。

9.2 信息资源

图书资料能满足学生的学习和教师的教学与科研所需；管理规范，共享程度高；生均图书不少于 100 册，并有一定比例的原版图书和报刊；生均年进书量不少于 4 册。

拥有阿拉伯语专业相关的电子资源；拥有覆盖学习及生活场所的网络系统；具备开发和运行网络课程的基础条件。

9.3 实践教学

各高校应具有满足人才培养需要的相对稳定的实践教学条件；应根据专业特点和需要建设专业实验室、实训中心、校内外实践教学基地等；应充分利用各种资源建设大学生创新创业教育平台。

9.4 教学经费

教学和科研经费有保障，总量能满足教学需求，根据教育部对本科专业设置的要求，生均年教学日常运行支出不低于 1 000 元，并应根据不同地区不同类型学校的实际情况，合理提高教学经费的投入。

10. 质量管理

10.1 教学与评价

10.1.1 教学要求

教学应：① 遵循本专业教学大纲；② 融合语言学习与知识学习，以能力培养为导向，重视语言运用能力、跨文化能力、思辨能力和自主学习能力的培养；③ 因材施教，根据教学目标和内容选择合适的教学方法，重视启发式、讨论式和参与式教学方法的使用，促进学生的全面发展和个性发展；④ 合理使用现代教育技术、网络与新媒体技术，注重教学效果。

10.1.2 评价要求

评价应以促进学生学习为目的，根据培养方案确定评价内容和标准，选择科学的评价方式、方法，合理使用评价结果，及时提供反馈信息，不断调整和改进教学。评价应注重形成性评价与终结性评价相结合。

10.2 质量保障体系

10.2.1 教学过程质量监控机制要求

应建立教学过程质量监控机制。各教学环节有明确的质量要求，定期进行课程设置和教学质量评价。

10.2.2 毕业生跟踪反馈机制要求

应建立毕业生跟踪反馈机制以及社会评价机制，就培养方案是否有效达到培养目标进行定期评价。

10.2.3 持续改进机制要求

应建立完善的持续改进机制，确保教学过程质量监控结果，毕业生跟踪反馈结果和社会评价结果及时用于专业的持续改进。

11. 术语与释义

（1）阿拉伯语语言知识

学生应熟练掌握阿拉伯语语音、词汇、语法、语篇等语言知识，熟悉阿拉伯语常用习语和具有特殊文化含义的社会语言现象，初步了解标准阿拉伯语与主要阿拉伯国家方言之间的基本差异，并对语言研究的基础理论和基本方法有一定了解。

（2）阿拉伯国家国情知识

学生应熟悉阿拉伯国家的历史、社会、政治、经济、宗教、文化等方面的知识，了解阿拉伯国家基本国情与文化特点，并对国别和区域研究以及跨文化研究的基础理论和基本方法有一定了解。

（3）阿拉伯语运用能力

学生能理解阿拉伯语口语和书面语传递的信息、观点、情感；能使用阿拉伯语口语和书面语有效传递信息，表达思想、情感，再现生活经验，并能注意语言表达的得体性和准确性；能借助语言工具书和相关资源进行笔译工作，并能完成一般的口译任务；能有效使用策略提高交际效果；能运用语言知识和基本研究方法对语言现象进行分析与解释。

（4）文学鉴赏能力

能理解阿拉伯文学作品的内容和主题思想；能欣赏不同体裁文学作品的特点、风格和语言艺术；能对文学作品进行评论。

（5）跨文化能力

尊重世界文化多样性，具有跨文化同理心和批判性文化意识；掌握基本的跨文化研究理论知识和分析方法，理解中阿文化的基本特点和异同；能对不同文化现象、文本和制品进行阐释与评价；能有效和恰当地进行跨文化沟通；能帮助不同文化背景的人士进行有效的跨文化沟通。

（6）思辨能力

勤学好问，相信理性，尊重事实，谨慎判断，公正评价，敏于探究，持之以恒地追求真理；能对证据、概念、方法、标准、背景等要素进行阐述、分析、评价、推理与解释；能自觉反思和调节自己的思维过程。

（7）自主学习能力

能对学习进行自我规划、自我监管、自我评价、自我调节；能组织和配合他人开展学习活动；能及时总结并善于借鉴有效学习策略改进学习方法；能利用现代信息技术手段进行自主学习。

（8）实践能力

能通过实践活动拓展知识，掌握技能，学会与他人沟通合作；能运用所学的理论和技能解决实际问题；能管理时间，规划和完成任务；能承受压力，适应新环境；能运用基本知识的信息技术。

附录：核心课程描述

（1）基础阿拉伯语（一）

阿拉伯语名称：اللغة العربية للمبتدئين

教学目的： 使学生初步了解阿拉伯语语音特点，正确掌握字母发音，单词认读及音节重读规则，能够围绕日常生活内容进行简单的口语交流。系统、全面地学习词法和句法知识。

教学内容：字母认读，发音、文字、词汇、句型、功能用语、基础语法（名词的分类、派生和使用方法；动词的分类、变位和使用方法；常见虚词的用法；句子的主要成分和次要成分；复合句的构成和使用特点）。

（2）基础阿拉伯语（二）

阿拉伯语名称：اللغة العربية للمبتدئين

教学目的：帮助学生了解阿语学习的特点；培养其积极、主动、大胆讲阿语的习惯；指导学生对所学知识进行分类、归纳、总结；强化语音教学；培养学生基本的遣词造句能力。系统、全面地学习词法和句法知识。

教学内容：词汇、句型、对话练习、课文讲解、背景知识介绍、口笔头练习、基础语法（名词的分类、派生和使用方法；动词的分类、变位和使用方法；常见虚词的用法；句子的主要成分和次要成分；复合句的构成和使用特点）。

（3）基础阿拉伯语（三）

阿拉伯语名称：اللغة العربية للمبتدئين

教学目的：巩固所学基本知识，加强阅读理解能力，强化技能训练，培养阿语思维及用词、组句和谋篇能力，在交流中巩固、强化语音、语调。指导学生应用所学语法知识解决实际问题，培养学生自觉、主动运用语法规律来指导语言实践活动的能力。

教学内容：词汇、句型、对话练习、课文讲解、背景知识介绍、口笔头练习、实用语法。

（4）基础阿拉伯语（四）

阿拉伯语名称：اللغة العربية للمبتدئين

教学目的：强化语音、词法、句型、语法等方面的基础知识。加强语言运用的训练，达到全国基础阶段教学大纲规定的各项指标。指导学生应用所学语法知识解决实际问题，培养学生自觉、主动运用语法规律来指导语言实践活动的能力。

教学内容：词汇、句型、对话练习、课文讲解、文化背景知识介绍、口笔头练习、实用语法。

（5）阿拉伯语口语

阿拉伯语名称：المحادثة العربية

教学目的：通过口语训练，检查、发现、改进语音、语调中存在的问题；帮助学生养成主动讲练阿语的习惯；形成以表达、概括、扩展为主的口语训练形式，使学生通过连贯的口语表述准确熟练地表达自己的思想与情感。

教学内容：口语题材包括以下内容：旅行交通、校园生活、体育奥运、环境保护、文化娱乐、饮食卫生、日常交往等等。

（6）阿拉伯语视听

阿拉伯语名称：الدروس السمعية والمرئية للغة العربية

教学目的：通过音像资料做视听训练，提高学生对语音信息的捕捉能力和理解能力并增强语感；模仿阿拉伯人的语音语调；培养学生在特定情景中的听力和语言表达能力。使学生听懂阿拉伯国家电台、电视台的新闻广播、专题节目，并能就一般生活题材结合具体情景进行交谈和连贯叙述。

教学内容：听力基本功训练、语素训练、语句训练、段落训练以及媒体报道、影视节目等阿拉伯语音视频听力训练。

（7）阿拉伯语阅读

阿拉伯语名称：المطالعة العربية

教学目的：启发引导学生认识阅读的重要性；指导学生通过阅读巩固所学知识，扩展所学词汇和句型的含义与用法；扩大单词量及知识面，提高对阿拉伯各国文化背景的了解认知水平，增强语感。

教学内容：涉及政治、经济、社会风俗、历史、地理、科技、体育等各领域的记叙文、议论文、说明文等。

（8）阿拉伯语写作

阿拉伯语名称：الإنشاء باللغة العربية

教学目的： 通过写作练习培养学生用阿语思维的习惯，为形成良好的书面语言交际能力打下坚实的基础。

教学内容： 写作概论、常见应用文（便条、请柬、通知、邀请函、感谢信、慰问信、贺信、申请书、推荐信等）、书信、记叙文、议论文、说明文。

（9）高级阿拉伯语

阿拉伯语名称：اللغة العربية للمتقدمين

教学目的： 使学生对阿拉伯文学史上有代表性的作家、诗人及其主要作品有一个基本了解，提高分析理解疑难语言现象的能力。

教学内容： 不同题材的阿拉伯文学代表作品，包括散文、小说、游记、传记、诗歌、剧本、议论文、演讲等常见文体。

（10）阿拉伯国家国情

阿拉伯语名称：معلومات عامة عن الدول العربية

教学目的： 使学生了解阿拉伯世界人文、地理、政治、经济、外交、科教等方面的现状，构建阿拉伯语背景知识框架，并培养学生搜集、整理、归纳信息的能力。

教学内容： 阿拉伯世界历史渊源、各国关系、阿以问题、海湾战争、石油问题、阿盟、海湾合作委员会、马格里布联盟；阿拉伯衣食住行、婚丧风俗、民间节日、宗教礼仪等。

（11）学术论文写作

阿拉伯语名称：أساسيات الكتابة الأكاديمية

教学目的： 使学生认识毕业论文写作的重要性，使其严肃认真地对待毕业论文的写作；掌握学术论文的基本格式和写作方法。

教学内容：论文概述（定义、分类）；写作步骤和方法；论文格式（标点、引言、注释）。

（12）阿拉伯简史

阿拉伯语名称：موجز تاريخ العرب

教学目的：使学生对阿拉伯历史的分期、重大历史事件、重要历史人物、阿拉伯史在世界历史中的地位、中东关系等问题有一个简明清晰的了解。

教学内容：阿拉伯概况、穆罕默德与伊斯兰教、中世纪阿拉伯史、现代阿拉伯史。

后记

《普通高等学校本科阿拉伯语专业教学指南》是按照教育部指导精神于 2013 年开始制订的，并根据 2018 年颁布的《国标》要求，对阿拉伯语专业人才培养各项指标提出的具体要求。《国标》是时任教育部高等学校外国语言文学类专业教学指导委员会阿拉伯语专业教学指导分委员会主任委员周烈教授及全体分委员会委员共同努力的成果。委员会成员有：周烈、杨言洪、蔡伟良、肖凌、付志明、罗林、张宏、马福德、王昕。

2019 年 1 月，阿拉伯语分指委开始制订阿拉伯语专业教学指南。

2019 年 3 月 7 日，阿拉伯语分指委在北京语言大学召开会议，对《普通高等学校本科阿拉伯语专业教学指南》（初稿）进行研讨并修改。阿拉伯语分指委主任委员、副主任委员及部分专业教师代表参加了这次会议。

会后，阿拉伯语分指委就《普通高等学校本科阿拉伯语专业教学指南》（征求意见稿）广泛征求各高校、部分专家学者和用人单位的意见。

2019 年 4 月 19 日，阿拉伯语分指委在北京语言大学再次召开会议，根据反馈意见，对《普通高等学校本科阿拉伯语专业教学指南》（修订稿）展开深入研讨并进行修改。阿拉伯语分指委主任委员、副主任委员及部分专业教师代表参加了会议。

2019 年 5 月 16 日，阿拉伯语分指委部分委员赴杭州参加教育部高等学校外国语言文学类专业教学指导委员会组织的各专业《指南》修订审稿会。

2019 年 6 月 10 日，阿拉伯语分指委在北京语言大学召开会议，根据杭州会议反馈的意见，对《指南》内容再次研讨并修订。

2019 年 6 月 22 日，阿拉伯语分指委在北京语言大学召开全国高校阿拉伯语专业负责人会议，继续征求各高校对《指南》的意见和建议。

2019 年 7 月 21 日，阿拉伯语分指委在北京语言大学召开会议，对《指南》进行初步审定。阿拉伯语分指委主任委员、副主任委员及部分专家参加会议。

2019 年 8 月 31 日，教育部高等学校外国语言文学类专业教学指导委员会在北京召开会议，阿拉伯语分指委全体委员再次对《指南》进行审定。

2019 年 10 月 15 日，阿拉伯语分指委提交《指南》。

2019 年 12 月 30 日，阿拉伯语分指委根据《指南》修改要点再次修改后提交。

这份《指南》的出台，得到了教育部主管部门领导的关心和指导，得到了教育部高等学校外国语言文学类专业教学指导委员会主任委员孙有中教授及秘书处的帮助和指导，得到了全国各高校阿拉伯语专业的支持和配合，得到了专家、学者、同行们的大力帮助。

新一届阿拉伯语专业教学指导分委员会（2018～2022 年）全体委员参与了《指南》的制订工作。他们是：罗林、付志明、丁隆、肖凌、周华、刘欣路、朵宸颉、段智婕、陈杰、周玲、曹笑笑、金忠杰、吴昊、马福德、马和斌、王昕。

因此，《指南》是大家集体努力的成果，也是国内几代阿语人智慧的结晶。在此，阿拉伯语分指委向有关各方表示诚挚的感谢！

普通高等学校
本科日语专业教学指南

教育部高等学校外国语言文学类专业教学指导委员会

日语专业教学指导分委员会

编著

前　言

中国的日语教育最早可追溯到 1559 年的"华夷译语"的"日本译馆"。新中国成立前曾经经历过清末和日本侵华时期的两次"日语热"。前者与马克思主义经日本传入中国等密切相关。新中国成立后，我国的高校日语教育走向正轨。北京大学、吉林大学、对外经济贸易大学等相继开设了日语专业，为中日经济、民间交流做出了巨大贡献。1972 年中日邦交正常化，特别是 1978 年改革开放，开始了中国高校日语专业建设的新篇章。南开大学、南京大学、厦门大学、天津外国语大学等近百所大学开设了日语专业。1999 年随着我国高等教育格局的变化，日语专业建设进入了新的阶段。新中国成立 70 年来，开设本科日语专业的学校已达到 500 所以上。我国高校日语教育工作者持续深化教育教学改革，培养了一大批优秀的国际化人才，为改革开放和社会主义现代化建设做出了重要贡献。

进入新时代，党和国家坚持对外开放的基本国策，为我国日语教育提供了新的发展机遇。2018 年 1 月，教育部颁布了《普通高等学校外国语言文学类专业本科教学质量国家标准》（以下简称"《国标》"），提出外语类专业旨在"培养具有良好的综合素质、扎实的外语基本功和专业知识与能力，掌握相关专业知识，适应我国对外交流、国家与地方经济社会发展、各类涉外行业、外语教育与学术研究所需要的各外语语种专业人才和复合型外语人才"。2019 年 5 月，教育部启动了"六卓越一拔尖"计划，专业明确提出了新文科建设的具体措施。在这一背景下，教育部外国语言文学类教学指导委员会日语分指导委员会开始研制《普通高等学校本科日语专业教学指南》（以下简称"《指南》"），目的是为了进一步明确日语专业的专业定位，人才培养标准，彰显各校专业特色，凸显优势，建构中国特色日语本科专业人才培养体系。

新时代的日语专业教育，机遇与挑战并存。明确各专业办学定位，深化教育教学改革，建立具有鲜明特色的课程体系和具体培养目标，提高人才培养质量，服务不断更新变化的社会需求，应贯彻如下理念：

一、始终不渝，落实立德树人根本任务。办好日语教育，要解决好"培养什么人、怎样培养人、为谁培养人"这一根本问题，旗帜鲜明地将立德树人作为日语教育的根本。要在爱党爱国、坚持社会主义办学方向的基础上，不断完善课程体系建设，探索日语专业教学的新模式、新举措，通过日语教学，努力培养具有家国情怀、责任感、沟通能力强、人文素养高、国际视野宽的复合型日语专业人才。

二、结合实际，办出专业特色。日语专业点已达到 500 以上，"同质化"现象较为严重。在规模已达到相当水平的现在，不办出自己学校、专业的特色，就无法培养出社会所急需的日语人才，甚至直接影响专业生存。各专业要在坚持国家标准的规定动作基础上，结合所在学校的办学定位、专业特色，所在地区的地区特色、对日交流的服务面向特色等，提出具有本专业特色的办学目标和课程体系，培养现在和未来急需的日语专业人才。既要培养学术型人才，也要培养就业能力强、适应社会需求的应用型人才。强化能力、知识与人格塑造相结合的全人教育，推进日语类专业发展的系统性改革，探索多方向、跨专业、宽口径的建设思路，培养高质量的复合型专业人才。

三、脚踏实地，坚持走内涵式发展道路。日语教育本质上是人文教育，是大文科中的日语教育，不能把日语仅仅视为一项技能，而忽视其人文社会科学的学科内涵。要在加强新文科特色的基础上，探讨通过日语专业学习，提高人文素养的途径。要解决好学习日语和通过日语学习的不同阶段的任务，把坚持提高日语本身的综合技能与培养人文素养结合起来，把"日语+"的文章做好，把培养应用型人才提到议事日程上来，切实保证培养的毕业生适应、满足社会需求。同时要根据专业定位，主动服务国家战略和地方经济社会发展，满足中华文化"走出去"、"一带一路"建设和构建人类命运共同体对复合型日语专业人才的强烈需求，坚定文化自信，在文明交流互鉴中坚守中华文化立场，讲好中国故事，传播好中国声音。

四、与时俱进，不断更新教学理念。全面贯彻以学生为中心的教育理念，创新教学内容和教学手段，重视现代信息技术在日语教育教学中的运用，充分发挥云计算、大数据和人工智能等技术优势，努力营造课内课外、线上线下、实体虚拟相结合的智能化教学环境。新文科背景下的日语专业建设既急需继承传统日语教育的优势，打好基本功，又需要大胆改革创新，充分发挥学生的学习积极性和先进的教学手段的优越性。

实施《指南》还需要突出以下几点：

第一，坚持核心课程的底线，确保日语专业的人文素养。《指南》以《国标》为基准，对日语本科专业课程体系中的核心课程进行了界定，对核心课程进行了描述。核心课程不分学校类别、地区特点，是日语专业的基干，不容改变或省略，要千校一面。核心课程的学时数、学分数可以因校而异，但教学目的、达成目标是一致的。《指南》对核心课程的规定体现了《国标》的办学理念，也是日语专业育人、改革的基础。

第二，鼓励各高等学校依据分类指导、内涵发展的原则，结合本校实际情况，彰显办学特色。《指南》除规定了核心课程外，对专业方向课程等未作具体规定，提出的方案仅为参考，各学校可以根据《指南》，确定人才具体培养目标、课程设置、教学计划和教学要求，凸显自身专业特色，按照《国标》和《指南》基本方针，设定符合自己发展的课程体系，选择学术或应用型人才方向课程。

第三，倡导理念创新、方法多元。智能化时代，日语教育教学必须跟上科技创新步伐，深度融合现代信息技术，促进人才培养的理念、内容、模式和方法的改革。《指南》倡导构建以学生为中心的教学关系，引导学生进行自主学习、交互式学习和探究式学习，培养学生的创新思维和能力。强调学科交叉，复合融通。复合型人才培养离不开学科交叉和知识融通，特别是提出网络时代基础上的教育模式，强调跨学科、跨文化的知识建构，使日语教学跟上 AI 时代的步伐。

第四，《指南》提出了教学大纲的重要性。本《指南》提出了日语专业建设与人才培养的基本原则，同时也按照《国标》要求，组织人员着手编制基础阶段和高年级阶段的教学大纲，以及经典阅读等具体书目等。选取的阅读书目与《国标》和《指南》规定的人才培养目标和教学要求相一致，彰显了大学的精神气质和全人教育的宗旨。

　　作为一份指导性方案，《指南》旨在从理念、目标、实践、质量等维度为全国高等学校日语本科专业建设和人才培养提供指引，并为日语本科专业准入、建设和评估提供参考。希望各高等学校坚持把立德树人作为根本任务，不断更新教育理念，优化课程体系，丰富学习资源，提升教学信息化水平，大力培养复合型日语专业人才。

目　录

普通高等学校本科日语专业教学指南

1. 概述

为了促进高等学校日语专业本科教育教学改革，提高人才培养质量，根据《国标》，制订本《普通高等学校本科日语专业教学指南》（以下简称"《指南》"）。

日语专业隶属于外国语言文学学科，是我国高等学校人文与社会科学学科的重要组成部分，学科基础包括日语语言、日本文学、日本文化、翻译以及相关日本研究，具有跨学科特点。日语专业可与其他相关专业结合，形成复合型专业或方向，也可以建立双学位或主辅修机制，以适应社会发展的需求。《指南》是日语专业本科的准入、建设和评价依据。

外国语言文学类专业教学指导委员会日语专业教学指导分委员会将根据《指南》制订日语专业本科基础阶段和高年级阶段教学大纲。各高等学校日语专业应根据《指南》和大纲制订适应社会发展需要、体现本校定位和办学特色的培养方案。

2. 适用专业范围

本《指南》适用于日语专业。

专业代码为 050207。

3. 培养目标

日语专业旨在培养具有良好的综合素质、扎实的日语基本功和专业知识与能力，掌握相关专业知识，适应我国对外交流、国家与地方经济社会发展、涉外行业、日语教育与学术研究需要的日语专业人才和复合型日语人才。

各高校应根据自身办学实际和人才培养定位，参照上述要求，制订合理的培养目标。培养目标应保持相对稳定，但同时应根据社会、经济和文化的发展需要，适时进行调整和完善。

4. 培养规格

4.1 素质要求

日语专业学生应具有正确的世界观、人生观和价值观，良好的道德品质和社会责任感，中国情怀和国际视野，人文与科学素养以及合作、敬业、创新精神。

4.2 知识要求

日语专业学生应掌握日语语言文化知识、日本国情相关知识，熟悉中国语言文化知识，了解相关专业知识以及人文社会科学与自然科学基础知识，形成跨学科知识结构。

4.3 能力要求

日语专业学生应具备日语运用能力、翻译能力、文学赏析能力、跨文化交际能力、思辨能力、研究能力、创新能力、信息技术应用能力、自主学习能力和实践能力。

5. 学制、学分与学位

日语专业本科学制一般为 4 年，各校可根据实际情况实行弹性学制，允许学生在 3～6 年内完成学业。日语专业本科学位为语言文学学士学位。

6. 课程体系

6.1 总体框架

日语专业根据培养目标和培养规格设计课程体系。课程体系包括公共基础类课程、专业核心课程、专业方向课程、实践教学环节和毕业论文五个部分。

　　课程设置应处理好通识教育与专业教育、语言技能训练与专业知识教学、必修课程与选修课程、课程教学与实践教学的关系，注重课程设置上的联动性。

　　课程总学分一般为 150～180 学分，总学时为 2 400～2 900 学时。各高等学校日语专业应根据本校的办学定位和培养目标，确定课程总学分和课程体系各部分之间的合理比例。

6.2　课程结构

6.2.1　公共基础类课程

　　公共基础类课程分为公共必修课程和通识选修课程。

　　公共必修课程一般包括思想政治理论、信息技术、体育与健康、军事理论与训练、创新创业教育、第二外语等课程。

　　通识选修课程一般包括提升学生知识素养、道德品质与身心素质的人文社会科学和自然科学课程，各学校可根据自身办学定位、办学特色和人才培养需要开设。

　　公共基础类课程原则上占总学分的 25%。

6.2.2　专业核心课程

　　专业核心课程为必修课，分为日语技能课程和专业知识课程。专业核心课程的课时应不低于专业总课时的 50%。

　　日语技能课程包括听、说、读、写、译等方面的课程，主要开设以下课程：基础日语、高级日语、日语会话、日语视听说、日语演讲与辩论、日语阅读、日语基础写作、笔译理论与实践（汉日互译）、口译理论与实践（汉日互译）等。

　　专业知识课程包括语言、文学与文化的基础课程，以及论文写作与基本研究方法课程，主要开设以下课程：日语语言学概论、日本文学概论、日本概况、跨文化交际、学术写作与研究方法等。

6.2.3 专业方向课程

专业方向课程分为语言文学方向课程和特色复合型方向课程。专业方向课程可分为必修课程和选修课程。

语言文学方向课程

语言文学方向课程旨在拓展学习领域，提高对日语专业的整体把握能力。根据师资条件等可开设以下课程：汉日语言对比、日语词汇学、日语语法、日语语篇、译文赏析、日本文学选读、日本文学史、比较文学、日本文学专题讨论、日本社会与文化专题讨论、日本历史、中华文明史、世界文明史等。

特色复合型方向课程

特色复合型方向课程由各高等学校日语专业根据学校办学优势、特色及师资力量等灵活设置系列课程。可开设如：商务日语系列、旅游日语系列、科技与信息日语系列、翻译系列、区域与国别研究系列、地域民族系列、影视动漫日语系列等课程。

6.2.4 实践教学环节

实践教学环节旨在促进学生的全面发展。实践教学环节主要包括专业实习、创新创业实践、课外实践活动、社会实践活动、国际交流等。

日语专业应根据培养方案：1）制订实习计划，确保有明确的目标和要求、详细的内容和步骤、专业的指导和监督，培养学生运用专业知识和技能解决实际问题的能力；2）制订课外实践计划，开展学科竞赛、学习兴趣小组、学术社团、创新项目等课外实践活动，培养学生的研究能力和创新能力；3）制订社会实践计划，开展社会调查、志愿服务、公益活动、勤工助学、支教等社会实践活动，帮助学生了解民情和国情，增强社会责任感；4）通过开展形式多样的国际交流活动，让学生切身感受日本的社会文化，扩展国际视野，提高跨文化交际能力。

实践教学环节原则上占总学分的 10%。

6.2.5 毕业论文

毕业论文旨在培养和检验学生综合运用所学理论知识研究并解决问题的能力和创新能力。毕业论文选题应符合日语专业培养目标与培养规格，写作符合学术规范，可采用学术论文、翻译作品与翻译实践报告、调研报告等多种形式。学术论文可以用日语或汉语撰写。使用日语撰写时，字数不少于 10 000 字，同时须有不少于 1 000 字的汉语摘要；使用汉语撰写时，字数不少于 8 000 字，同时须有不少于 2 000 字的日语摘要。翻译作品与翻译实践报告的形式为日译汉，字数不少于 8 000 字，同时用日语撰写不少于 2 000 字的翻译实践报告。调研报告使用汉语撰写，字数不少于 10 000 字，同时用日语撰写不少于 2 000 字的摘要。

7. 教学计划（参考）

7.1 公共基础类课程

公共基础类课程开课计划表

课程类别		课程名称	总学时	课时分配		学分数	开课学期	周学时	备注
				讲授	实践（验）				
公共基础类课程	公共必修课程	按国家相关要求开设（含第二外语）							40学分
	通识选修课程	学校可根据自身人才培养实际需要开设							10学分

7.2 专业核心课程

专业核心课程开课计划表

课程类别		课程名称	总学时	课时分配		学分数	开课学期	周学时	备注
				讲授	实践（验）				
专业核心课程	必修课程	基础日语 1	96			6	1	6	课时分配栏中的讲授和实践（验）课时各校根据实际情况自行安排。
		基础日语 2	96			6	2	6	
		基础日语 3	96			6	3	6	
		基础日语 4	96			6	4	6	
		日语视听说 1	64			2	1	2	
		日语视听说 2	64			2	2	2	
		日语视听说 3	64			2	3	2	
		日语视听说 4	64			2	4	2	
		日语会话 1	64			2	1	2	
		日语会话 2	64			2	2	2	
		日语会话 3	64			2	3	2	
		日语会话 4	64			2	4	2	
		日语阅读 1	32			2	3	2	
		日语阅读 2	32			2	4	2	
		日语演讲与辩论	32			2	4/5	2	
		日语基础写作 1	32			2	3	2	
		日语基础写作 2	32			2	4	2	
		高级日语 1	64–96			4	5	4–6	
		高级日语 2	64–96			4	6	4–6	
		笔译理论与实践 1（日译汉）	32			2	5	2	
		笔译理论与实践 2（汉译日）	32			2	6	2	
		口译理论与实践 1（日译汉）	32			2	5	2	

（续表）

课程类别		课程名称	总学时	课时分配		学分数	开课学期	周学时	备注
				讲授	实践（验）				
专业核心课程	必修课程	口译理论与实践2（汉译日）	32			2	6	2	课时分配栏中的讲授和实践（验）课时各校根据实际情况自行安排。
		日本概况	32			2	4	2	
		学术写作与研究方法	32			2	7	2	
		跨文化交际	32			2	6	2	
		日语语言学概论	32			2	4/5	2	
		日本文学概论	32			2	4/5	2	
		备注：每学期原则为16周，各学校可根据本校情况上下浮动2周。							

7.3 专业方向课程

专业方向课程开课计划表

课程类别		课程名称	总学时	课时分配		学分数	开课学期	周学时	备注
				讲授	实践（验）				
语言学方向课程	必修／选修课程	日汉语言对比研究*	16–32			1–2	5	2	完整修读1个方向。该方向修读20学分，其他方向选修14学分。其中标注*课程为必修课程。
		古典日语语法	16–32			1–2	6	2	
		日语语用与语篇	16–32			1–2	5	2	
		日语词汇学	16–32			1–2	6	2	
		日语句法学	16–32			1–2	5	2	
		日语文体学	16–32			1–2	5	2	
		第二语言习得	16–32			1–2	7	2	
		日本语言学专题讨论	16–32			1–2	7	2	

课程类别		课程名称	总学时	课时分配		学分数	开课学期	周学时	备注
				讲授	实践（验）				
文学方向课程	必修/选修课程	日本文学史*	32			2	5	2	完整修读1个方向。该方向修读20学分，其他方向选修14学分。其中标注*课程为必修课程。
		日本古典文学作品选读	32			2	6	2	
		日本近现代文学作品选读	32			2	5	2	
		中日比较文学	32			2	6	2	
		日本影视动漫文学	32			2	5	2	
		日本文学专题讨论	32			2	5	2	
		日本作家与流派研究	32			2	6	2	
		文学理论与批评	32			2	6	2	

课程类别		课程名称	总学时	课时分配		学分数	开课学期	周学时	备注
				讲授	实践（验）				
国别与区域研究方向课程	必修/选修课程	当代中国外交*	32			2	5	2	完整修读1个方向。该方向修读20学分，其他方向选修14学分。其中标注*课程为必修课程。
		中日关系史	32			2	6	2	
		日本社会与文化	32			2	5	2	
		日本经济与政治	32			2	6	2	
		国别与区域研究专题	32			2	5	2	
		东北亚专题	32			2	5	2	
		国际日本学研究	32			2	6	2	
		中日关系研究	32			2	6	2	

课程类别		课程名称	总学时	课时分配		学分数	开课学期	周学时	备注
				讲授	实践（验）				
国际商务方向课程	必修/选修课程	世界经济概论*	32			2	5	2	完整修读1个方向。该方向修读20学分，其他方向选修14学分。其中标注*课程为必修课程。
		日语商务案例分析	32			2	6	2	
		国际商务谈判	32			2	5	2	
		日本经济	32			2	6	2	
		国际金融	32			2	5	2	
		中日企业文化比较	32			2	5	2	
		日本企业管理	32			2	6	2	
		国际市场营销	32			2	6	2	

课程类别		课程名称	总学时	课时分配		学分数	开课学期	周学时	备注
				讲授	实践（验）				
翻译方向课程	必修/选修课程	翻译理论与技巧	32			2	5	2	完整修读1个方向。该方向修读20学分，其他方向选修14学分。其中标注*课程为必修课程。
		跨文化交际与翻译	32			2	6	2	
		中华文化概要	32			2	5	2	
		文学、影视翻译	32			2	6	2	
		商务、科技、旅游翻译	32			2	5	2	
		新闻、社科翻译	32			2	5	2	
		日语同声传译	32			2	6	2	
		中日翻译专题	32			2	6	2	

8. 教师队伍

8.1 师资结构

日语专业应有一支合格的专任教师队伍，形成教研团队。教师的年龄结构、学缘结构、职称结构应合理。教师队伍中应有学术带头人和外籍教师，专任教师应不少于 6 人。原则上具有高级职称的教师比例不低于专任教师的 30%，获得硕士及以上学位的教师不低于 80%。应用型专业和方向应聘请行业指导教师。生师比不高于 18:1。

8.2 教师素质

（1）符合《中华人民共和国教师法》和《中华人民共和国高等教育法》规定的资格和条件，为人师表，知行合一，履行相关义务；（2）具有厚实的专业知识，熟悉外语教学与学习的理论和方法，对教育学、心理学等相关学科知识有一定了解；（3）具有扎实的日语基本功、教学设计与实施能力、课堂组织与管理能力、现代教育技术和教学手段的运用能力，以及教学反思和改革能力；（4）具有明确的学术研究方向和较强的研究能力，恪守学术规范。

8.3 教师发展

制订科学的教师发展规划与制度，通过学历教育、国内外进修与学术交流、行业实践等方式，使教师不断更新教育理念，优化知识结构，提高专业理论水平与教学和研究能力。

教师应树立终身发展的观念，制订切实可行的发展计划，不断提高教学水平和研究能力。

9. 教学条件

9.1 教学设施

教学场地和实践场所在数量和功能上能满足教学需要，并配备专职人员对教学设施进行日常管理和维护。

9.2 信息资源

信息资源应符合教育部相关文件规定和要求。

图书资料能够满足学生的学习和教师的日常教学与科研所需，资源管理规范，共享程度高，有一定比例的日文图书和报刊。

拥有本专业相关的电子词典、电子图书、电子数据库等信息资源；拥有覆盖学习及生活场所的网络系统；具备开发、建设和运行网络公开课的基础条件。

9.3 实践教学

各高校应具有满足人才培养需要的相对稳定的实践教学条件；应根据专业特点和需要建设专业实验室、实训中心、校内外实践教学基地等；应充分利用各种资源建设大学生创新创业教育平台。

9.4 教学经费

符合教育部相关文件规定和要求，教学和科研经费有保障，总量能满足教学需要。

10. 质量管理

10.1 教学与评价

10.1.1 教学要求

1）遵循日语专业教学大纲；2）融合语言学习与知识内容学习，以能力培养为导向，重视语言能力、思辨能力、跨文化交际能力和自主学习能力的培养；3）因材施教，根据教学目标和内容选择科学、合适的教学方法，鼓励学生采用探究式学习方法，促进学生的全面发展和个性发展；4）合理使用现代教育技术，注重教学效果。

根据日语专业的教学规律，一般将 4 年的教学过程分为两个阶段，即：基础阶段（一年级和二年级）和高年级阶段（三年级和四年级）。基础阶段主要是基本技能训练和基础知识学习，为进入高年级阶段打下扎实的专业基础。高年级阶段要在夯实日语语言基本功的同时学习培养方向课程。

10.1.2 评价要求

评价应以检验和促进学生学习为目的，根据培养方案确定评价内容和标准，选择科学的评价方式、方法，合理使用评价结果，及时提供反馈信息，不断调整和改进教学。评价应注重形成性评价与终结性评价相结合。

10.2 质量保障体系

10.2.1 教学过程质量监控机制要求

日语专业应建立教学过程质量监控机制。各教学环节有明确的质量要求，定期进行课程设置和教学质量评价。

10.2.2 毕业生跟踪反馈机制要求

日语专业应建立毕业生跟踪反馈机制以及社会评价机制，对培养方案是否有效达成培养目标进行定期评价。

10.2.3 持续改进机制要求

日语专业应建立完善的持续改进机制，确保教学过程质量监控结果、毕业生跟踪反馈结果和社会评价结果及时用于专业的持续改进。

11. 术语与释义

（1）日语运用能力

能理解日语口语和书面语传递的信息、观点、情感；能使用日语口语和书面语有效地获取、传递信息，表达思想、情感，再现生活经验，并能注意语言表达的正确性、得体性、灵活性和丰富性；能借助语言工具书和相关资源进行日汉互译工作；能有效使用相关策略提高交际效果；能运用语言学基础理论和基本方法对语言现象进行分析和反思。

（2）文学赏析能力

能理解日本文学作品的主要内容、把握主题思想；能理解作者的创作风格、创作技巧和语言艺术；能对文学作品进行评论。

（3）跨文化交际能力

能通过语言学习认识世界的多样性，并以开放的态度对待多元文化现象；能敏锐觉察、合理诠释文化差异；能灵活运用策略完成跨文化交流任务；能帮助中、日两种不同文化背景的人士进行有效的跨文化沟通。

（4）思辨能力

尊重事实，理性思维，科学判断，公正评价，敏于探究，持之以恒地追求真理。勤学好问，能对证据、概念、方法、标准、背景等要素进行阐释、分析、评价、推理与解释。

（5）研究能力

具有一定的调查研究能力和理论研究能力，以及发现问题、分析问题、解决问题的能力。

（6）创新能力

具有创新意识，能够综合运用已有知识和经验提出见解、探索方法、解决问题的能力。

（7）信息技术应用能力

了解和掌握信息技术基本知识和技能，并能利用现代信息技术手段进行学习、交流思想、开展科研活动。

（8）自主学习能力

能对学习进行自我规划、自我监管、自我评价、自我调节；能组织、配合他人开展学习活动；能及时总结、善于借鉴有效学习策略改进学习方法，进行探究式学习。

（9）实践能力

能拓展所学知识，获取新知识、新技能，完善知识结构；能运用所学的理论、知识、技能解决实际问题；能通过实践活动学会与他人沟通、合作；能合理规划时间与任务，能承受压力，适应新环境。

附录：核心课程描述

（1）基础日语

日语名称：基礎日本語

教学目标：本课程旨在培养学生综合运用日语语言知识和技能进行语言交际的能力。通过课程学习，学生应能做到：准确辨别和使用标准日语的语音、语调和文字、符号，识别各种词类，熟练掌握日语动词、形容词、形容动词、助动词等的活用，以及基本句型和句法结构的用法；识别不同文体和语体，熟练使用各类衔接手段、常用修辞手法，掌握不同文体的写作技巧和翻译方法；运用所学知识和技能进行批判性思考，并结合现实生活中的实际问题或热点话题展开讨论。

教学内容：本课程按学期分为《基础日语 1》《基础日语 2》《基础日语 3》《基础日语 4》。教学内容充分体现课程的"基础"特色，通过语言交际任务促进听、说、读、写、译技能的综合运用和全面发展。语言知识教学分语音、词汇、语法、语篇等专项训练，同时强调整体系统性；社会与文化知识教学强调知识点的"与时俱进"；语言技能训练在不同学习阶段各有侧重。

（2）日语视听说

日语名称：日本語視聴説

教学目标：本课程旨在培养学生理解音视频口头日语并就相关内容进行口头表达的能力。通过课程学习，学生应能做到：正确辨别标准日语的语音、语调；能分辨视听内容的要义与细节，推断隐含意义，概括主旨大意；能用缩写形式快速记录要点并拟列提纲；能利用笔记对视听内容进行转述、复述、概述和评价；能围绕单元主题就视听内容展开讨论，并对讨论结果进行口头总结和汇报。

教学内容：本课程按学期分为《日语视听说1》《日语视听说2》《日语视听说3》《日语视听说4》。教学重点主要体现在日常语言交流及相关社会文化知识的视听理解与信息获取，兼顾语言运用能力与思辨能力的培养。要求突出阶段针对性、难度层级性和整体系统性，同时兼顾知识性、趣味性和思想教育意义。视听材料应与学生的学习生活和社会生活密切相关，主题广泛、素材丰富、难易有序。主题按单元进行组织，主要涉及个人及人生经历、社会与文化生活、教育和科技发展等学生熟悉的话题；素材一般为标准语速日常口语材料，包括情景对话、专题讲话、学术讲座、演讲辩论、电视电台节目和电影片段等语言材料；难度根据语言、话题和知识结构等按学期逐步提升。强调与对应的《基础日语》课程保持密切的横向联系。

（3）日语会话

日语名称：日本語会話

教学目标：本课程旨在培养学生运用日语进行口头表达与交际的能力。通过课程学习，学生应能做到：掌握标准日语的语音、语调；掌握口头交际所需要的功能性语言，并逐步养成用日语思维的习惯；能使用口头交际策略促进语言沟通和跨文化交际；能就特定话题进行自由表达、讨论、演讲和辩论，并具有较强的思辨能力。

教学内容：本课程按学期分为《日语会话1》《日语会话2》《日语会话3》《日语会话4》。按语言功能组织口语训练教学任务，融合日语语言知识、社会文化知识、口头交际策略，构建话题丰富、形式多样、实用有效、循序渐进且系统性强的日语口语训练内容体系。根据口头交际任务的难度，课程教学分为初级《日语会话1》《日语会话2》和高级《日语会话3》《日语会话4》两个阶段。初级阶段侧重语音语调、句型句式、功能性语言、跨文化交际等方面的训练，着重培养学生的日语思维能力、连贯表达能力和跨文化交际能力；高级阶段侧重流畅表述、批判性倾听、快速反应、理性反驳等高级技能训练，着重培养学生的问题意识和思辨能力。

（4）日语基础写作

日语名称： 日本語ライティング

教学目标： 本课程旨在培养学生使用日语进行书面表达的能力。通过课程学习，学生应能够：熟练掌握日语写作的基础知识和基本技能，进行多种体裁短文的写作；养成良好的写作习惯，具有一定的批判性写作能力。

教学内容： 本课程主要包括写作知识、写作策略和写作能力三个方面。写作知识主要包括选词组句、标点使用、篇章结构、文体特点、文章修改等方面的知识；写作策略主要包括句型运用、段落组织、篇章布局、范文模仿等写作技能和方法；写作能力主要包括立意构思、观点论证、修改评阅以及思辨能力。

（5）日语阅读

日语名称： 日本語リーティング

教学目标： 本课程旨在培养学生阅读理解日语文本并进行批判性思维的能力。通过课程学习，学生应能做到：熟练掌握日语语言基础知识并具有一定的日本社会文化知识；熟练运用日语阅读策略；能分辨事实和观点；能根据上下文推断生词词义和隐含意义；能归纳概括段落大意和篇章主旨；能对篇章的文体、语体、结构、修辞、写作手法等进行分析；能对作者的情感、态度、意图进行分析和评价；能对相同或相关主题的不同篇章进行对比分析。

教学内容： 本课程主要围绕策略训练、知识学习和能力培养三个方面组织教学。策略方面主要训练略读、寻读、细读、评读等阅读理解技巧和方法；知识内容主要包括词汇、句法和篇章方面的日语知识以及与阅读语篇相关的社会文化背景知识；能力培养主要包括文本语言理解、篇章结构分析以及逻辑思辨与批判性思维等方面的内容。

（6）日本概况

日语名称： 日本事情

教学目标： 本课程旨在培养学生对日本历史地理、社会文化、经济与法律以及民俗风情等的认知能力。通过课程学习，学生应能做到：了解日本的基本国情；把握日本文化的主要特征，开阔视野，增强涉外活动中的适应性；能将所学的语言知识与日本文化相结合，提高跨文化交际能力。

教学内容： 本课程的教学内容主要是传授有关日本地理、历史、政治、经济、风俗、宗教等社会文化方面的基础知识，让学生全面了解日本社会，以期更好地学习语言，从事跨文化交际活动。

（7）日语演讲与辩论

日语名称： 日本語スピーチとディベート

教学目标： 本课程是一门旨在培养学生运用日语在公开场合进行演讲和辩论的能力的实践型核心课程。以拓宽学生视野、提高学生的逻辑推理、批判性思维和临场应变能力为目标，要求学生能就某一话题广泛收集素材，撰写演讲稿并脱稿进行演讲，能就指定话题在短时间准备后进行即席演讲，了解演讲和辩论策略，熟悉辩论的一般规则，参与主题发言、抗辩、问题挑战、总结陈词等环节的辩论。

教学内容： 本课程主要包括日语演讲与辩论的内容准备和策略训练两个方面的内容。内容准备主要借助录像观摩和阐释理论知识相结合的方法，根据演讲和辩论的主题、目的、听众、辩论双方等广泛收集素材，并通过归纳整理拟列提纲、撰写演讲稿或发言稿，做好充分准备。策略训练重点训练提高口头表达效果的方法和技巧，主要包括：如何开场、过渡和总结；如何阐述观点、抒发情感、活跃气氛；如何运用表情、眼神、手势等肢体语言；如何把控音量、音高、语气和语调；如何克服紧张情绪、调整即时心态、改正不良习惯等。根据口头表达任务的特点和难度，有备演讲和即兴演讲的训练各有侧重，日语演讲和日语辩论的训练由易到难、循序渐进。

（8）高级日语

日语名称： 上級日本語

教学目标： 本课程旨在培养学生的以日语综合运用能力为基础的跨文化沟通能力。此课程的教学重点从一、二年级的词汇、语法、句型的学习掌握逐渐过渡到文章内容分析、语言的深层含义理解和语言文化背景的把握方面，从而能够较为自如地进行中日间跨文化沟通交流。同时，通过研讨式教学提高学生的思辨意识，通过对语言及社会文化现象的分析，培养学生基于跨文化沟通基础上的思辨能力。引导学生正确认识日本和中国的国情和发展大势，培养文化自信，帮助学生树立正确的人生观和价值观。

教学内容： 本课程按题材主题组织教学单元，教学内容充分体现课程的综合特色，融语言文学、社会文化、中日及东西方文明比较等于一体，在日语语言能力综合运用的基础上，通过经典题材了解日本及东西方历史和文化，用热门话题反映现代社会的文明与进步，并通过思考和讨论提高学生分析解决问题的能力，助推学生逻辑思维与批判性思维能力的发展。

（9）笔译理论与实践

日语名称： 翻訳の理論と実践

教学目标： 本课程旨在培养学生运用翻译理论和方法进行日汉／汉日笔译的能力。通过本课程学习，学生应能掌握翻译的主要理论、方法和质量标准；了解日汉两种语言的篇章特点和文化差异；翻译有一定难度的日汉报刊、杂志、书籍中的文章，及节录的小说、散文、戏剧等文学原著，速度达到每小时日译汉500～600个字，汉译日400～500个字；独立承担一般用人单位的日汉／汉日笔译任务。

教学内容： 本课程主要包括翻译理论学习和翻译实践能力培养两个方面的内

容。前者聚焦于学习翻译理论和实践发展简史、主要翻译流派及其基本思想和翻译方法、当代翻译学研究的主要课题等；后者重在通过示例分析和笔译实训，让学生根据翻译的标准以及日汉两种语言在词汇、句法、篇章及社会文化等方面的异同，熟练运用各种翻译方法和策略。翻译素材兼顾知识性、趣味性和思想性，一般选取文学、社会文化、科技、旅游、新闻、广告、商务、法律、说明书及学术论文等类型的文本。

（10）口译理论与实践

日语名称： 通訳の理論と実践

教学目标： 本课程旨在培养学生的日汉和汉日口头翻译能力。通过课程学习，学生应能熟练掌握口译的基础理论和常用的口译策略与技巧；具有扎实语言文化知识和流利的语言表达能力；具有良好的记忆能力、逻辑思维能力和临场应变能力；养成关心时事的习惯，能就热门话题或专题进行口头介绍和阐释；胜任接待外宾、导游、一般性会议、商务洽谈等日常口译任务。

教学内容： 本课程按篇章专题和口译策略组织教学单元，每个单元包括口译策略训练和篇章口译实践两个部分。口译策略训练的主要内容包括听辨、记忆、速记、转述等常用口译策略，以及主旨口译、数字口译等专题口译技巧的讲解与示范。篇章口译部分主要训练口译策略与技巧在篇章口译中的实践应用，篇章题材广泛，以时事政治、经济社会、文化民俗、体育卫生、观光旅游等领域的专题为主，兼顾外事、礼仪、会议、访谈、演讲等专项内容，同时还应适时补充热门话题的篇章口译内容。

（11）跨文化交际

日语名称： 異文化コミュニケーション

教学目标： 本课程旨在帮助学生理解文化现象、适应文化差异、提高跨文化交际能力。通过课程学习，学生应能掌握跨文化交际的基本概念、基础理论和基本方法；尊重世界文化的多样性，同时增强批判性文化意识，并能对不同文化现象进行阐释和评价；得体、有效地进行跨文化交际并帮助不同文化背景的人士进行跨文化沟通。

教学内容： 本课程主要包括跨文化交际相关理论和实践两个部分的内容。理论部分重点介绍文化、交际、跨文化交际等基本概念，跨文化交际研究的主要理论和方法，交际过程中存在的语言差异、非语言差异和社会习俗差异等。实践部分侧重介绍如何运用相关跨文化理论知识克服跨文化交际中的障碍，如分析商务、教育、医疗领域中跨文化交际的主要障碍并提出行之有效的解决方案等。

（12）研究方法与学术写作

日语名称： 研究方法とアカデミックライティング

教学目标： 本课程旨在让学生了解学术写作的基本规范和方法，能独立撰写课题研究报告及论文，使学生具备学术论文写作的基本能力。培养学生的科学精神和严谨的学术态度，具有发现问题、思考问题及解决问题的能力。通过运用归纳和演绎、分析与综合、抽象与概括以及比较等方法，对研究对象去伪存真、由此及彼、由表及里，达到认识事物本质、揭示事物内在的客观规律。

教学内容： 本课程主要包括论文选题、论文写作策略和论文写作能力三个方面的教学内容。论文选题部分侧重于选题的意义、价值及可行性研究；论文写作策略方面强调先行研究的梳理综述、篇章布局及内在的逻辑性、论文的风格及术语表达等；论文写作能力培养主要包括主题构思、观点论证、修改评阅以及批判性思维的能力。在研究方法方面，案例分析应为讲授的重要的内容，通过收集、甄别、运用文献，逐步提高学生的学术鉴赏力和学术研究能力。

后记

　　教育部 2018 年出台了《普通高等学校本科专业类教学质量国家标准》，包含由外国语言文学类专业教学指导委员会制订的《外国语言文学类本科教学质量国家标准》（以下简称"《国标》"）。《国标》凝聚了外国语言文学类全体教学指导委员会成员的心血和努力，是集体智慧的结晶。

　　《普通高等学校本科日语专业教学指南》（以下简称为"《指南》"）的研制是推动《国标》落地生根的重要举措。上一届（2013～2017 年）日语分委会成立了以主任委员为组长、副主任委员为副组长、全体委员为成员的《指南》编委会。（按姓氏拼音顺序排列）

　　日语分委会主任委员：修刚

　　副主任委员：刘利国、邱鸣、许宗华、于日平

　　委员：陈多友、金勋、李俄宪、宋协毅、王宝平、王婉莹、徐冰、许慈惠、毋育新、姚继中、周异夫

　　秘书长：赵冬茜

　　日语分委会根据《国标》内容研制了《指南》，分别在天津、北京、大连、成都等地召开主任委员会及全委会。在天津召开的主任委员会部署了编制《指南》的工作内容；北京的全委会就《指南》存在的问题展开了热烈讨论并有针对性地提出了修改意见和建议；大连的全委会结合东北、华北、西北、华中、华南等地区提出的意见和建议做出了进一步修改；成都全委会在核心课程、教材选用以及毕业论文等重要环节方面凝聚了共识。

　　新一届外指委（2018～2022 年）成立之后，日语分委会的委员数增长了近一倍，充分壮大了日语专业教学指导委员会的队伍。日语分委会成立了以主任委员为组长，副主任委员为副组长、全体委员为成员的《指南》编委会，在上届分委会的基础上进一步修订了《指南》。（按姓氏拼音顺序排列）

日语分委会主任委员：修刚

副主任委员：刘利国、邱鸣、宋协毅、王军哲、许宗华、于日平

委员：陈多友、高洁、葛继勇、韩立红、黄芳、金山、金勋、孔繁志、李铭敬、林敏洁、刘晓芳、马永平、王婉莹、王奕红、王志松、吴光辉、吴玲、邢永凤、张佩霞、赵霞、周异夫

秘书长：赵冬茜

日语分委会 2018 年 12 月召开了新一届日语全委会，落实了《国标》的精神，再次强调了《指南》修订工作的重要性。2019 年 4 月在重庆召开了主任委员会，进一步修订《指南》的框架和内容。2019 年 5 月，外指委在杭州召开了《指南》的主任委员审稿会，8 月底在北京召开全委会及审稿会，对《指南》进行了逐字逐句的推敲，进一步统一了《指南》的体例、结构及核心术语表达，增加了参考性教学计划和核心课程描述、前言及后记等内容。刘利国、邱鸣执笔起草了教学计划和核心课程描述，前言和后记分别由修刚、赵冬茜执笔撰写。

在教育部等上级相关部门的亲切关怀和指导下，《指南》的编制工作终于尘埃落定。《指南》是落实《国标》精神的具体体现，是指导中国日语专业本科教学的方针大政，也是中国日语教育"后黄金时代"重要的发展契机。

在《指南》编制过程中，日语分委会的各项工作得到了外语教学与研究出版社、上海外语教育出版社和高等教育出版社的大力协助，也得到了各委员所在校以及其他相关院校的全力支持，在此一并表示最衷心的感谢！

普通高等学校
本科非通用语种类专业教学指南

教育部高等学校外国语言文学类专业教学指导委员会

非通用语种类专业教学指导分委员会

编著

前　言

中国的非通用语教育已有近百年历史。北京大学于 1921 年前后开设了梵语课程，中国现代大学的非通用语教育由此开始。1942 年，国立东方语文专科学校于云南呈贡成立，首开印地语科、越南语科、印尼语科和暹罗语科（泰语）。1946 年，北京大学成立东语系，1949 年，东方语专并入北京大学，中国的非通用语教学与研究走上正常发展轨道。

20 世纪五六十年代是中国非通用语发展的第一个黄金时期，国家提倡积极发展与亚非拉国家的友好关系，对非通用语采取鼓励发展的措施，新开设了许多相关语种。北京大学、北京外国语学院（即今北京外国语大学）、北京广播学院（即今中国传媒大学）、上海外国语学院（即今上海外国语大学）、广州外国语学院（即今广东外语外贸大学）、云南民族学院（即今云南民族大学）、广西民族学院（即今广西民族大学）以及洛阳外国语学院（即今信息工程大学洛阳校区）、南京国际关系学院（即今国防科技大学国际关系学院）等成为我国非通用语教育的重要基地。非通用语教育的发展对国家建设和对外关系起到了积极作用，比如在 1971 年中国重返联合国的进程中，非通用语国家的支持就起到了关键性作用。

上世纪八九十年代是我国非通用语发展相对停滞的时期。改革开放之后，学习西方发达国家的经济经验并与之开展商贸往来成为这一时期国家发展的重中之重，非通用语教育遇到了前所未有的困难，有些语种甚至到了停止招生或停办开设点的地步。进入 21 世纪之后，由于国家综合实力的提升和经济发展的需要，非通用语教育逐渐回归正轨。

2013 年习近平主席提出"一带一路"倡议以来，我国的非通用语教育迎来了又一个黄金时期。近五六年来，在"一带一路"倡议、"互联互通"和"亚洲文明互鉴"等国家级号召和语境的影响下，我国的非通用语教育呈井喷式发展态势，很多高校新开设了非通用语专业教学点，使非通用语教育开始"膨胀"起来。据 2019 年

11 月 2 日教育部高等学校外国语言文学类专业教学指导委员会（以下简称"外指委"）非通用语种类专业教学指导分委员会（以下简称"非通分指委"）工作会议的初步估算，目前，我国已开设 95 种非通用语种，其中 60 余种具有本科学历层次，教学点共计 600 余个。语种数量和教学点不仅规模空前，而且还在增加的过程之中。

毋庸讳言，上述变化是形势所致，也是国家发展的实际需要。不过，这一变化也有盲目和跃进之嫌。非通分指委发现，相对于国家实际需求，虽然不少语种需要增加教学点，但个别语种的教学点已然相对过剩。不仅如此，仓促上马，教师数量和质量堪忧，"一师难求"、"本科教本科"、"教师科研能力欠缺"等现象普遍存在。因此，如何科学合理地增加非通用语种教学点和提升教研水平已经成为当下我国非通用语教育的首要任务。

2018 年，教育部颁布《普通高等学校本科专业类教学质量国家标准（外国语言文学类）》（以下简称"《国标》"），提出外语类专业旨在"培养具有良好的综合素质、扎实的外语基本功和专业知识与能力，掌握相关专业知识，适应我国对外交流、国家与地方经济社会发展、各类涉外行业、外语教育与学术研究所需要的各外语语种专业人才和复合型外语人才"。在此背景下，教育部新一届外指委指示各分指委研制各语种专业的"教学指南"，非通分指委承担了《普通高等学校本科非通用语种类专业教学指南》（以下简称"《指南》"）的研制任务。分指委希望，通过此次《指南》的研制、颁布及各相关高校的参照实施，部分解决我国非通用语教育面临的上述问题。

本《指南》设定了"培养目标"、"培养规格"、"课程体系"、"教师队伍"、"教学条件"和"质量管理"等内容，目的是以《国标》为指导，为非通用语教研提供一套相对系统的标准，使非通用语能跟上时代步伐，达到我国外语教研的整体水平，并完备自身特色，为国家发展做出相应贡献。具体而言，本《指南》中有对教学点教师的基本要求，规模如教师数量、质量如教师学历；有对教学点毕业生的基本要求，规范如学制与学位，质量如素质、知识和能力；另有对课程体系、教学条件和质量管理的基本要求，等等。参照《指南》，如果教师达不到要求，教学点则难以开设；如果课程体系和教学条件达不到要求，教学点也难以开设；最重要的是，如果质量管理达不到要求，教学点会难以为继。因此，本《指南》对我国非通用语的整体发展必将起到重要作用。当然，就教学点的开设数量而言，非通分指委会在教育部外指委的指导下另做调研并提出建议。

实际上，本《指南》滥觞于 2013 年的"外国语言文学类本科专业教学质量国家标准"的研制工作，其基础是 2008 年 10 月份的"非通用语学科调研报告"、2009 年 5 月份的"非通用语专业规范"以及 2010 年 2 月份的"'非通用语专业规范'可行性研究"。之后又经过了多次调研和会商，才有了摆在大家面前的这份文件。可以说，本《指南》历史性、现时性和展望性兼具，浸染了我国两三代非通用语学人的心血和努力。我们希望，这份厚重能够经得起国家发展和社会需要的检验。

祈愿我国非通用语健康行进，为新时代的国家发展和实现中华民族伟大复兴的中国梦做出更大贡献。

目　录

普通高等学校本科非通用语种类专业教学指南

1. 概述

为了促进高等学校外语非通用语种类专业本科教育教学改革，提高人才培养质量，根据《外国语言文学类专业本科教学质量国家标准》（简称《国标》），制订本《普通高等学校本科非通用语种类专业教学指南》（以下简称"《指南》"）。

外语非通用语种类专业是我国高等外语教育的重要组成部分，其学科基础包括语言学、外国文学、翻译学、国别和区域研究、比较文学与跨文化研究，具有跨学科特点。本科教育坚持通识教育和专业教育并重的原则，促进学生全面发展，以满足国家和社会对人才的要求。

本《指南》是外语非通用语种类本科专业建设、指导和评价的重要依据。各高校应参照本《指南》，根据社会发展需要、区域特点和办学定位，制订学校的非通用语专业本科培养方案。

2. 适用专业范围

本《指南》适用于外语非通用语种类专业本科教育。外语非通用语种类专业是指除英语、俄语、德语、法语、西班牙语、阿拉伯语、日语以外的其他外语语种类专业。

3. 培养目标

外语非通用语种类专业旨在培养热爱祖国，具有国际视野、通晓国际规则，掌握外国语言、文学和文化等相关知识，具备语言运用能力、跨文化能力，能够参与国际事务和国际竞争，能够从事语言服务、外语教育以及涉外工作，并具有一定研究能力的国际化、多元化外语人才。

4. 培养规格

4.1 素质要求

外语非通用语种类专业学生应具有正确的世界观、人生观和价值观，良好的道德品质，中国情怀和国际视野，社会责任感，人文与科学素养，合作精神，创新精神，学科基本素养，成为德智体美劳全面发展的高素质人才。

4.2 知识要求

外语非通用语种类专业学生应掌握对象国语言知识、文学知识、国情知识，熟悉中国语言文化知识，了解相关专业知识以及人文社会科学与自然科学基础知识，形成跨学科知识结构，体现本专业特色。

4.3 能力要求

外语非通用语种类专业学生应具备专业外语运用能力、文学赏析能力、跨文化能力、国际事务参与能力、信息技术应用能力、自主学习能力、思辨能力、实践能力和创新能力，积极拓展英语等其他语种运用能力。

5. 学制、学分与学位

外语非通用语种类专业本科学制一般为 4 年，各校可根据实际情况实行弹性学制，允许学生在 3～6 年内完成学业。对按规定完成学分并符合培养方案要求的学生，授予文学学士学位。

6. 课程体系

6.1 总体框架

外语非通用语种类专业根据培养目标和培养规格制订各专业课程体系。课程体系包括公共基础类课程、专业核心课程、培养方向课程、实践教学环节和毕业论文五个部分。

课程设置应处理好通识教育与专业教育、语言技能训练与专业知识教学、必修课程与选修课程、外语专业课程和相关专业课程、课堂教学与实践教学的关系，突出能力培养和专业知识建构，特别应突出跨文化能力、思辨能力和创新能力培养，并根据经济社会发展需要建立动态课程调整机制。

本科教学的课程总量一般为 150～180 学分或 2 400～2 900 学时。各高校外语非通用语种类专业应根据本校的培养目标和培养规格制订培养方案。

6.2 课程结构

6.2.1 公共基础类课程

通识教育以人文社会科学教育为主，兼顾自然科学教育，旨在帮助学生树立正确的世界观、价值观和人生观，提高人文与科学素养。

公共基础类课程分为公共必修课程和通识选修课程两类。

公共必修课程一般包括思想政治理论、信息技术、体育与健康、军事理论与训练、创新创业教育、非专业外语等课程。

通识选修课程一般包括提升学生知识素养、道德品质与身心素质的人文社会科学和自然科学课程。各高校外语非通用语种类专业应根据培养规格，有计划地充分利用学校通识教育课程资源，帮助学生构建合理的知识结构。

6.2.2 专业核心课程

专业教育的内容主要包括语言、文学、文化、翻译、国别和区域研究及相关专业理论与实践，旨在培养专业能力，拓展国际视野。

专业核心课程分为外语技能课程和专业知识课程。专业核心课程的课时应占专业总课时的 50%～85%。外语技能课程包括听、说、读、写、译等方面的课程。专业知识课程应包括语言学、对象国文学、翻译学、国别与区域研究、比较文学与跨文化、论文写作与基本研究方法等类别的课程。

非通用语专业核心课程包括基础专业外语、高级专业外语、专业外语阅读、专业外语视听说、专业外语写作、专业外语口语、专业外语语法、专业外语汉语互译、专业外语文学、对象国或地区文化等。

6.2.3 专业方向课程

各高校外语非通用语种类专业可根据自己的培养目标和培养规格自主设置专业方向课程。

6.2.4 实践教学环节

实践教学环节旨在促进学生的全面发展，主要包括专业实习、创新创业实践、社会实践、国际交流等。

专业实习旨在培养学生运用专业知识和技能解决实际问题的能力。各专业应根据培养方案制订实习计划，确保有明确的目标和要求、详细的内容和步骤、专业的指导和考查。

创新创业实践旨在培养学生解决问题的能力和创新创业的能力。各专业应制订科学合理的创新创业实践计划，通过学科竞赛、学习兴趣小组、学术社团、创新创业项目等形式开展实践活动。

社会实践旨在帮助学生了解民情和国情，增强社会责任感。各专业应围绕人才培养目标和社会需求制订社会实践计划，开展社会调查、志愿服务、公益活动、勤工助学、支教等社会实践活动。

国际交流活动旨在拓展学生的国际视野，提升跨文化能力。各专业可根据人才培养目标、办学特色和自身条件，有计划地开展短期留学、国内外联合培养等形式多样的国际交流活动。

6.2.5 毕业论文

毕业论文旨在检验学生综合运用所学理论知识开展研究和解决问题的能力，并培养其学术素养和创新能力。毕业论文选题应符合专业培养目标和培养规格，写作应遵守学术道德，符合学术规范，可采用学术论文、翻译作品、实践报告、调研报告和案例分析报告等多种形式。各专业应制订毕业论文选题、开题、写作、指导和答辩等相关规定，明确指导教师职责、毕业论文写作过程和质量规范，指导过程应以适当形式记录。可使用专业外语或汉语撰写。

7. 教学计划（参考）

（以朝鲜语专业为例，供各专业参考。）

7.1 公共基础类课程

公共基础类课程开课计划表

课程类别		描述
公共基础类课程	公共必修课程	按国家相关要求开设（包括思想政治理论、信息技术、体育与健康、军事理论与训练、创新创业教育、非专业外语等）
	通识选修课程	学校可根据自身人才培养实际需要开设（包括提升学生知识素养、道德品质与身心素质的人文社会科学和自然科学课程）

7.2 专业核心课程

专业核心课程开课计划表

课程类别		课程名称	总学时	学分数	周学时	备注
专业核心课程	外语技能课程	基础韩国语 / 朝鲜语	144–180	5–8	8–10	
		韩国语 / 朝鲜语视听说	36–72	2–3	2–4	
		韩国语 / 朝鲜语阅读	36	2	2	
		韩国语 / 朝鲜语写作	36	2	2	
		韩国语 / 朝鲜语语法	36	2	2	
		韩国语 / 朝鲜语-汉语翻译	72	3	4	
		汉语-韩国语 / 朝鲜语翻译	72	3	4	

（续表）

课程类别		课程名称	总学时	学分数	周学时	备注
专业核心课程	专业知识课程	朝鲜半岛概况	36	2	2	
		韩国／朝鲜文学作品选读	36	2	2	
		韩国／朝鲜文化与跨文化交际	36	2	2	
		朝鲜半岛历史	36	2	2	
		论文写作与基本研究方法	36	2	2	

7.3 专业方向课程

专业方向课程开课计划表

课程名称			总学时	学分数	周学时	备注
语言与翻译方向课程	必修／选修	韩国语／朝鲜语语言学概论	36	2	2	各校可自主设置培养方向与课程。
		韩／朝–汉语言对比	36	2	2	
		韩国语／朝鲜语翻译理论与实践	36	2	2	
		韩国语／朝鲜语口译	36	2	2	
		……				
文学与文化方向课程	必修／选修	韩国／朝鲜文学概论	36	2	2	
		中–韩／朝比较文学	36	2	2	
		韩国／朝鲜民俗	36	2	2	
		韩国／朝鲜社会与文化	36	2	2	
		……				

（续表）

课程名称			总学时	学分数	周学时	备注
国别与区域方向课程	必修 / 选修	韩国 / 朝鲜报刊阅读与讨论	36	2	2	各校可自主设置培养方向与课程。
		韩国 / 朝鲜国际关系史	36	2	2	
		韩国 / 朝鲜当代政治与社会	36	2	2	
		朝鲜半岛国别问题研究专题	36	2	2	
		……				
经贸旅游方向课程	必修 / 选修	商务韩国语 / 朝鲜语	36	2	2	
		旅游韩国语 / 朝鲜语	36	2	2	
		韩国 / 朝鲜经济	36	2	2	
		韩国 / 朝鲜旅游文化	36	2	2	
		商务韩国语 / 朝鲜语写作	36	2	2	
		韩国语 / 朝鲜语经贸文章选读	36	2	2	
		……				

8. 教师队伍

8.1 师资结构

外语非通用语种类专业应有一支合格的专任教师队伍，形成教研团队。专任教师的年龄结构、学缘结构、职称结构应合理，原则上不少于 3 人，具有硕士及以上学位的一般不低于 60%。

8.2 教师素质

教师应贯彻执行党和国家的教育方针和政策，符合《中华人民共和国教师法》和《中华人民共和国高等教育法》提出的任教资格和条件，履行相关义务，爱岗敬业，具有良好的师德师风；为人师表，教书育人；严谨治学，探索真知，遵守学术规范；具有人文素养和国际视野，积极承担社会责任。除国内首次开设的专业外，教师应具有外国语言文学类学科或相关学科研究生学历。

教师应具有厚实的专业知识；熟悉外语教学与学习的理论和方法；对教育学、心理学等相关学科知识有一定了解。

教师应具有扎实的语言基本功和教学设计与实施能力、课堂组织与管理能力、现代教育技术和教学手段的应用能力；具有教学反思和改革能力；具有明确的学术研究方向，能独立开展学术研究。

8.3 教师发展

学校应制订科学的教师发展规划与制度，通过学历教育、在岗培养、国内外进修与学术交流、行业实践等方式，使教师不断更新教育理念，优化知识结构，提高专业理论水平与教学和研究能力。

教师应树立终身发展的观念，不断提高教学水平和研究能力。

9. 教学条件

9.1 教学设施

教学场地和实践场所在数量和功能上能满足教学需要，并配备专职人员对教学设施进行日常管理和维护。

9.2 图书资料

拥有一定数量的、能够满足教学需求的国内外相关图书资料和报刊文献。

9.3 网络资源

顺应现代信息技术带来的挑战，拥有本专业相关的电子数据库和学习工具库，具备开发、建设和利用网络课程的基础条件。

9.4 教学经费

教学和科研经费有保障，总量能满足教学需要。

10. 质量管理

10.1 教学与评价

10.1.1 教学要求

教学应以学生为中心，以内容为依托，以能力为导向，既要面向全体学生，又要因材施教，促进学生的全面发展和个性发展。教师要灵活运用讲授、研讨、实践等不同形式组织教学，充分利用现代教育技术手段，注重教学效果，确保人才培养质量。

10.1.2 评价要求

以《国标》为依据、以本《指南》为指导进行教学评价，科学合理使用评价结果，及时提供反馈信息，不断调整和改进教学。评价应注重形成性评价与终结性评价相结合。

10.2 质量保障体系

10.2.1 教学过程质量监控机制要求

应建立教学过程质量监控机制，各教学环节有明确的质量要求，定期进行课程设置和教学质量评价。

10.2.2 毕业生跟踪反馈机制要求

应建立毕业生跟踪反馈机制以及社会评价机制，对培养方案是否有效达到培养目标进行定期评价。

10.2.3 持续改进机制要求

应建立完善的持续改进机制，确保教学过程质量监控结果、毕业生跟踪反馈结果和社会评价结果及时用于专业的持续改进。

11. 术语与释义

（1）非通用语语言知识

学生应熟练掌握非通用语语音、词汇、语法、语篇等语言知识，熟悉非通用语常用语和具有特定文化含义的社会语言现象，并对语言研究的基础理论和基本方法有一定的了解。

（2）非通用语对象国文学知识

学生应了解对象国文学发展的历史，熟识对象国主要现当代重要作家和作品及著名文学流派，并对文学批评的基础理论和基本方法有一定的了解。

（3）非通用语对象国国情知识

学生应熟悉对象国的历史、社会、政治、经济、宗教、文化等方面的知识，了解对象国基本国情与文化特点，并对国别和区域研究以及跨文化研究的基础理论和基本方法有一定的了解。

（4）非通用语运用能力

学生能理解非通用语口语和书面语传递的信息、观点、情感；能使用非通用语口语和书面语有效传递信息，表达思想、情感，再现生活经验，并能注意语言表达的得体性和准确性；能借助语言工具书和相关资源进行笔译工作，并能完成基础的口译任务；能有效使用策略提高交际效果；能运用语言知识和基本研究方法对语言现象进行分析与解释。

（5）文学鉴赏能力

能理解非通用语文学作品的内容和主题思想；能欣赏不同体裁文学作品的特点、风格和语言艺术；能对文学作品进行评论。

（6）跨文化能力

尊重世界文化多样性，具有跨文化同理心和批判性文化意识；掌握基本的跨文化研究理论知识和分析方法；能对不同文化现象、文本和制品进行阐释与评价；能有效和恰当地进行跨文化沟通。

（7）思辨能力

勤学好问，相信理性，尊重事实，谨慎判断，公正评价，敏于探究；能对证据、概念、方法、标准、背景等要素进行阐述、分析、评价、推理与解释；能自觉反思和调节自己的思维过程。

（8）自主学习能力

能组织和配合他人开展学习活动；能及时总结并善于借鉴有效学习策略改进学习方法；能利用现代信息技术手段进行自主学习。

（9）实践能力

能通过实践活动拓展知识，掌握技能，学会与他人沟通合作；能运用所学的理论和技能解决实际问题；能管理时间，规划和完成任务；能承受压力，适应新环境；能运用现代信息技术手段学习知识、交流思想、开展基础的科研活动。

附录：专业核心课程描述

（1）基础韩国语 / 朝鲜语

韩语名称： 기초 한국어(조선어)

教学目标： 本课程旨在培养学生综合运用韩国语 / 朝鲜语语言知识和技能进行语言交际的能力，为本科一二年级主干课程。通过课程学习，学生应能正确辨别和使用规范的韩国语 / 朝鲜语语音和语调，全面掌握韩国语 / 朝鲜语的语音音变规则；掌握 5 000 个左右常用词汇，能够识别各种词类，熟知用言的不规则变化规则，并能灵活运用；熟练掌握韩国语／朝鲜语基本语法知识，以及基本句型和句法结构的用法；以语音、词汇、语法知识为基础，具备听、说、读、写方面的综合运用能力；能够以韩国语／朝鲜语为工具，运用所学知识进行日常交流。

教学内容： 本课程按主题组织教学单元，教学内容充分体现课程的"综合"特色，促进学生语言能力的综合运用和全方位发展。语言教学分语音、词汇、句法等知识的系统性传授；文化知识要用经典题材和语篇透视韩国／朝鲜的国家历史、文化、社会等，但内容要不局限于朝鲜半岛，要凸显学科的人文特色，要反映人类社会的文明与进步，要帮助学生树立正确的价值观，培养良好的思辨能力。

（2）韩国语／朝鲜语视听说

韩语名称： 한국어(조선어) 시청각

教学目标： 本课程旨在培养学生理解音、视频韩国语／朝鲜语，并就相关内容进行口头表达的能力。通过课程学习，学生应能正确辨别并掌握标准韩国语／朝鲜语的语音和语调；了解和掌握韩国语／朝鲜语口语语法和口语习惯表达；分辨要义与细节，推断隐含意义，概括主旨大意；围绕单元主题就视听内容展开讨论，并对讨论结果进行口头总结和汇报。掌握口头交际所需的功能性语言，逐步养成韩国语／朝鲜语的语言思维习惯，使用口头交际策略促进语言沟通和跨文化交际；就特定话题进行自由表达和讨论，并具有较强的批判性思维能力。

教学内容： 本课程主要包括视听理解与口头表达策略、语言知识及相关社会文化知识和语言运用与批判性思维能力三个方面的教学内容。视听理解包括泛听和精听，内容要求兼顾知识性、趣味性和思想教育意义。教学内容以主题按单元展开，每单元合理组织听说训练任务，融合韩国语／朝鲜语语言知识、社会文化知识、口头交际策略，构建话题丰富、形式多样、实用有效、循序渐进且系统性强的听说训练内容体系。视听的材料从与学生的学习生活和社会生活密切相关的主题开始，逐步向教育、科技等社会生活中的实际问题和热点话题过渡。素材可包括情景对话、专题讲话、电视电台节目和电影片段、学术讲座、演讲辩论等语言材料。内容设置要做到由易到难、循序渐进，在不同等级学习阶段各有侧重。

（3）韩国语 / 朝鲜语阅读

韩语名称： 한국어(조선어) 읽기

教学目标： 本课程旨在培养学生阅读理解韩国语 / 朝鲜语文本的能力。通过本课程学习，学生能够增进对韩国 / 朝鲜社会文化的了解；能熟练运用常用韩国语 / 朝鲜语阅读策略，根据上下文推断生词词义和隐含意义，归纳概括段落大意和篇章主旨；对篇章的文体、语体、结构、修辞、写作手法等进行分析；对作者的情感、态度、意图进行分析和评价；分辨事实和观点，在阅读能力得到提升的同时提高进行批判性思维的能力。

教学内容： 本课程以主题为单元组织教学，围绕策略训练、知识学习和能力培养三个方面组织教学内容。策略主要训练略读、寻读、细读、评读等阅读理解技巧和方法；知识主要包括词汇、句法和篇章方面的韩国语 / 朝鲜语语言知识以及与阅读语篇相关的社会文化背景知识；能力培养主要包括文本语言理解、语篇内容剖析等方面的内容。教学内容的安排要按照任务难度依次展开，进行句段阅读、多体裁语篇阅读和学术文章阅读，主题广泛涉及社会、文化、教育、科技、经贸等不同领域。要注重通过阅读训练提高学生思辨能力和人文素养。

（4）韩国语 / 朝鲜语写作

韩语名称： 한국어(조선어) 쓰기

教学目标： 本课程旨在培养学生掌握韩国语 / 朝鲜语书写笔顺、隔写法等书写规范，并能使用韩国语 / 朝鲜语进行书面表达的能力。通过本课程学习，学生

应熟练掌握韩国语 / 朝鲜语的写作规范、写作基本知识和基本技能，运用正确的韩国语 / 朝鲜语书面表达方式，进行多种体裁短文的写作；了解学术写作的基本规范和方法，并能独立撰写小型课题研究报告及论文；养成良好的写作习惯，具有一定的批判性写作能力。

教学内容： 本课程以主题为单元组织教学，围绕策略训练、知识学习和能力培养三个方面组织教学内容。策略主要强调句型运用、段落组织、篇章布局、范文模仿等写作技能和方法；知识包括韩国语 / 朝鲜语书写规范、选词组句、标点使用、逻辑架构、篇章构成等方面的写作技能和方法；能力培养主要是正确的遣词造句，从句段写作开始，到按照韩国语 / 朝鲜语语言逻辑立意构思、观点论证、修改评阅以及批判性思维的能力。写作训练着力提高学生分析问题、逻辑思辨和有效表达的能力。

（5）韩国语 / 朝鲜语语法

韩语名称： 한국어(조선어) 문법

教学目标： 该课程旨在帮助学生建立韩国语语法的整体框架，对基础阶段在基础韩国语课程中所学韩语语法进行一次系统总结。通过本课程的学习，学生熟悉韩国语 / 朝鲜语作为第二语言的所有基本语法项目，熟练运用基础阶段的重点语法点，为进一步提升听、说、读、写、译的能力打下基础；掌握韩国语 / 朝鲜语各语法项目的基本概念、术语，能够阅读韩国语语法书，促进韩国语 / 朝鲜语语法的自主学习。

教学内容： 本课程主要包括语言知识学习、语言技能提升两个层次。语言知识学习包括韩国语 / 朝鲜语的形成与变迁、韩文的创制、韩国语 / 朝鲜语的主要特点、语音系统和语言变化、韩国语 / 朝鲜语的词类和词汇体系、句子成分和句子类型，以及韩国语 / 朝鲜语的时间表达法、否定法、敬语法、使被动、引述法等相关语法规则，以及韩国语的标记和书写规范等知识。要使学生通过语言知识学习，构建起规范系统的韩国语 / 朝鲜语语法知识体系。语言技能提升则着眼于学生语法知识的灵活运用能力，通过大量的练习，使学生可以准确熟练地使用语法项目，为听、说、读、写扫清语法层面的障碍。此外，要对同类语法进行系统比较，找出相似性和差异性，并对相似性和差异性进行重点讲解，以使学生能比较好地掌握韩国语／朝鲜语的基本语法。

（6）韩国语／朝鲜语–汉语翻译、汉语–韩国语／朝鲜语翻译

韩语名称： 한(조)중 번역, 중한(조) 번역

教学目标： 本课程旨在培养学生的口笔译的能力。通过本课程学习，在笔译方面，学生应能更为深入地掌握韩国语／朝鲜语–汉语两种语言的对比知识，能掌握翻译的主要理论、方法和质量标准；了解韩国语／朝鲜语–汉语两种语言的篇章特点和文化差异；翻译有一定难度的韩国语／朝鲜语–汉语报刊、杂志、书籍中的文章，经贸合同、外交文书、演讲稿等具有实用性的文章，及节录的小说、散文、戏剧等文学原著；独立承担一般用人单位的韩（朝）汉／汉韩（朝）笔译任务。在口译方面，应能熟练掌握口译的基础理论和常用的口译策略与技巧；具有扎实的语言文化知识和流利的语言表达能力；具有良好的记忆能力、逻辑思维能力和临场应变能力；养成关心时事的习惯，能就热门话题或专题进行口头介绍和阐释；胜任接待外宾、导游等日常口译任务。

教学内容： 笔译教学主要包括翻译理论学习和翻译实践能力培养两个方面的内容。前者涉及中西翻译理论和简史、具代表性的翻译思想和翻译方法等；后者重在通过示例分析和笔译实训，让学生根据翻译的标准以及韩国语／朝鲜语–汉语两种语言在词汇、句法、篇章及社会文化等方面的异同，熟练运用各种翻译方法和策略。翻译素材兼顾知识性、趣味性和思想性，一般选取正式的文学、科技、旅游、新闻、广告、商务、法律、说明书等类型的文本。口译按篇章专题和口译策略组织教学单元，每个单元包括口译策略训练和篇章口译实践两个部分。口译策略训练的主要内容包括听辨、记忆、速记、转述等常用口译策略，以及主旨口译、数字口译等专题口译技巧的讲解与示范。篇章口译部分主

要训练口译策略与技巧在篇章口译中的实践应用，篇章题材广泛，以政治、经济、文化、体育等领域的专题为主，兼顾礼仪、祝词、会议、访谈、演讲等专项内容，同时还应结合时事适量补充热门话题的篇章口译内容。

（7）朝鲜半岛概况

韩语名称： 조선반도 개황

教学目标： 该课程旨在帮助学生对朝鲜半岛有一个全方位的初步认识，扩大有关国情的知识面，初步搭建起关于朝鲜半岛的知识体系框架。

教学内容： 以不同领域为单元组织教学，内容包括半岛的语言、地理、历史、政治、经济、文化、文学等多个领域。

（8）韩国 / 朝鲜文学作品选读

韩语名称： 한국(조선) 문학 작품 선독

教学目标： 该课程旨在择选韩国 / 朝鲜具代表性的文学作品，让学生了解不同时期、不同风格、不同流派的作家作品，扩大学生的视野；通过文学作品阅读提高韩国语 / 朝鲜语阅读及理解能力，在文学作品阅读中体会韩 / 朝鲜民族的社会面貌、民俗文化、思想情感等；在优秀文学作品的阅读中，使学生的人文素养和文化底蕴得到提升。

教学内容： 本课程以年代顺序组织教学，将韩国 / 朝鲜文学史知识潜移默化地贯穿于文学作品赏析过程中，使学生掌握韩国 / 朝鲜文学的基本发展脉络；选取韩国 / 朝鲜各个时期、各种文学流派代表作家的经典作品，作品应包括小说、散文、评论、诗歌等类型。课程不能停留在文学知识灌输或是单词、语法学习的层次上，选文应具备知识性、趣味性和思想性，教学中应注重将语言学习、文学学习、文化学习有机结合起来，提高学生文学鉴赏能力。

（9）韩国 / 朝鲜文化与跨文化交际

韩语名称： 한국(조선) 문화 및 문화 간 커뮤니케이션

教学目标：本课程旨在帮助学生了解韩国／朝鲜文化，理解文化现象和中韩（朝）文化历史渊源、共同点和差异，帮助学生适应文化差异，提高跨文化交际能力。通过课程学习，学生应能熟悉韩国／朝鲜的文化，增加对韩国／朝鲜的感性认识；掌握跨文化交际的基本概念和基本方法；尊重世界文化的多样性，同时增强批判性文化意识，能对不同文化先行进行阐释和评价；能得体、有效地进行跨文化交际、跨文化沟通。

教学内容：本课程主要包括韩国／朝鲜文化和跨文化交际两部分教学内容。前者涉及韩国／朝鲜历史地理、风土人情、传统习俗、生活方式、宗教信仰、文学艺术、律法制度、思维方式、价值观念、审美情趣等内容；后者则针对交际过程中存在语言差异、非语言差异和社会习俗差异等时，如何运用相关跨文化理论知识克服跨文化交际障碍。教学中，应注重扩展学生文化视野、丰富文化内涵，培养学生成为"会外语"、"通文化"的外语人才，使学生具备较强的跨文化交际、交流意识，能在未来的国际交流中灵活处理文化差异，掌握交际的主动权。

（10）朝鲜半岛历史

韩语名称：조선반도 역사

教学目标：本课程旨在使学生了解朝鲜半岛的历史发展脉络，掌握各历史时期的重大历史事件及主要人物、各时期主要思想；运用所学知识对朝鲜半岛文明和历史事件进行理性分析，结合中国历史、世界史、东亚史进行思辨，形成自己的见解。

教学内容：该课程系统讲授韩国／朝鲜古代、近代、现代历史时期的政治、社会、经济、文化的特点，使学生较为系统地掌握朝鲜半岛历史文化发展的脉络；了解朝鲜、韩国古代史的脉络，了解新罗、高丽、朝鲜社会文化发展的不同特点，以及中国文化对朝鲜、韩国的影响；了解各阶段朝鲜半岛政治、经济、宗教、科技等方面的发展状况。

（11）研究方法与学术写作

韩语名称： 연구 방법론 및 학술 논문 작성법

教学目标： 本课程旨在使学生认识到学术论文写作的重要性和严肃性；掌握学术论文的研究方法和写作方法，了解学术论文的写作规范；使学生树立正确的学术研究观念，重视遵守学术规范、恪守学术道德；培养学生初步建立学术研究基本素养。

教学内容： 该课程内容由三部分组成。第一部分是论文研究方法的传授，具体包括学术论文的选题、论文的组成部分、研究基本步骤、论文的基本研究方法，以及论文写作过程中查找资料的方法等；第二部分是论文书写规范，包括论文格式、韩国语／朝鲜语隔写法等；第三部分是关于论文写作规范的内容，通过课程学习使学生了解进行学术活动的基本伦理道德规范，树立正确的学术道德观念。

后记

　　教育部高等学校外国语言文学类专业教学指导委员会（以下简称"外指委"）于 2013 年启动了外国语言文学类本科专业教学质量国家标准的制订工作。在广泛调研（2008 年 10 月的学科调研报告、2009 年 5 月制订的专业规范、2010 年 2 月外语非通用语种类专业《专业规范》可行性研究）的基础上，教育部高等学校外国语言文学类专业教学指导委员会非通用语种类专业教学指导分委员会（以下简称"非通分指委"）于 2014 年 8 月召开全体成员会议，对《非通用语种类专业本科教学质量国家标准》和《高等学校外语类专业教学质量国家标准》进行了审议，并提交外指委秘书处。2018 年，《普通高等学校本科专业类教学质量国家标准》正式颁布。2018 年 11 月 1 日，2018～2022 年教育部高等学校教学指导委员会成立大会在京召开。12 月 15 日，新一届外指委成立大会召开。成立大会当天即接到编写《普通高等学校本科非通用语种类专业教学指南》（以下简称"《指南》"）的工作安排。

　　2019 年 1 月，非通分指委开始制订非通用语种类专业教学指南。

　　2019 年 3 月 29 日，非通分指委在广东外语外贸大学召开工作会议，对《普通高等学校本科非通用语种类专业教学指南》（初稿）进行研讨并修改。会后，非通分指委就《普通高等学校本科非通用语种类专业教学指南》（征求意见稿）广泛征求相关高校和专家学者意见。

　　2019 年 5 月 16 日，非通分指委部分委员赴杭州参加外指委组织的各专业《指南》修订审稿会。

　　2019 年 8 月 31 日，外指委在北京召开会议，非通分指委全体委员再次对《指南》进行审定。

　　2019 年 11 月 1 日，非通分指委在天津外国语大学召开工作会议，期间对《指南》进行进一步审议。

　　本《指南》的出台，得到了外指委主任委员孙有中教授及秘书处的帮助和指导，得到了全国各高校非通用语专业的支持和配合，得到了相关专家、学者、同行的大力帮助。2013～2017届非通分指委全体委员刘曙雄、丁超、林明华、钟智翔、姜景奎、白滟、任晓丽、姜宝有、徐亦行、尹海燕、梁远、罗文青、陆生，2018～2022届非通分指委全体委员姜景奎、赵刚、姜宝有、程彤、梁远、陆生、钟智翔、吴杰伟、王丹、孙晓萌、丁超、崔顺姬、杨琳、金长善、赵华、骆元媛、张国强、权赫律、徐亦行、尹海燕、牛林杰、池水涌、全永根、刘志强、茅银辉、寸雪涛、罗文青、崔海洋、马丽亚、唐慧参与了指南的制订、修订和审议工作。《指南》是集体努力的成果，也是我国两三代非通用语学人智慧的结晶。在此，非通分指委一并表示诚挚的感谢！